A TEORIA DO CUIDADO
NO HUMANISMO DO
PAPA FRANCISCO

Editora Appris Ltda.
1.ª Edição - Copyright© 2024 do autor
Direitos de Edição Reservados à Editora Appris Ltda.

Nenhuma parte desta obra poderá ser utilizada indevidamente, sem estar de acordo com a Lei n° 9.610/98. Se incorreções forem encontradas, serão de exclusiva responsabilidade de seus organizadores. Foi realizado o Depósito Legal na Fundação Biblioteca Nacional, de acordo com as Leis n°s 10.994, de 14/12/2004, e 12.192, de 14/01/2010.

Catalogação na Fonte
Elaborado por: Dayanne Leal Souza
Bibliotecária CRB 9/2162

```
D136t      Dal Bó, Vilmar
2024         A teoria do cuidado no humanismo do Papa Francisco / Vilmar Dal Bó.
             – 1. ed. – Curitiba: Appris, 2024.
               156 p. ; 23 cm. (Coleção Ciências Sociais).

               Inclui referências.
               ISBN 978-65-250-6151-1

               1. Cuidado. 2. Teoria do cuidado. 3. Humanismo integral. I. Dal Bó, Vilmar.
             II. Título. III. Série.
                                                              CDD – 300.7
```

Livro de acordo com a normalização técnica da ABNT

Editora e Livraria Appris Ltda.
Av. Manoel Ribas, 2265 – Mercês
Curitiba/PR – CEP: 80810-002
Tel. (41) 3156 - 4731
www.editoraappris.com.br

Printed in Brazil
Impresso no Brasil

Vilmar Dal Bó

A TEORIA DO CUIDADO NO HUMANISMO DO PAPA FRANCISCO

Appris editora

Curitiba, PR
2024

FICHA TÉCNICA

EDITORIAL	Augusto Coelho
	Sara C. de Andrade Coelho
COMITÊ EDITORIAL	Ana El Achkar (UNIVERSO/RJ)
	Andréa Barbosa Gouveia (UFPR)
	Conrado Moreira Mendes (PUC-MG)
	Eliete Correia dos Santos (UEPB)
	Fabiano Santos (UERJ/IESP)
	Francinete Fernandes de Sousa (UEPB)
	Francisco Carlos Duarte (PUCPR)
	Francisco de Assis (Fiam-Faam, SP, Brasil)
	Jacques de Lima Ferreira (UP)
	Juliana Reichert Assunção Tonelli (UEL)
	Maria Aparecida Barbosa (USP)
	Maria Helena Zamora (PUC-Rio)
	Maria Margarida de Andrade (Umack)
	Marilda Aparecida Behrens (PUCPR)
	Marli Caetano
	Roque Ismael da Costa Güllich (UFFS)
	Toni Reis (UFPR)
	Valdomiro de Oliveira (UFPR)
	Valério Brusamolin (IFPR)
SUPERVISOR DA PRODUÇÃO	Renata Cristina Lopes Miccelli
PRODUÇÃO EDITORIAL	Bruna Holmen
REVISÃO	Rafaela Mustefaga Negosek
DIAGRAMAÇÃO	Amélia Lopes
CAPA	Carlos Pereira
REVISÃO DE PROVA	Sabrina Costa

COMITÊ CIENTÍFICO DA COLEÇÃO CIÊNCIAS SOCIAIS

DIREÇÃO CIENTÍFICA Fabiano Santos (UERJ-IESP)

CONSULTORES
- Alícia Ferreira Gonçalves (UFPB)
- Artur Perrusi (UFPB)
- Carlos Xavier de Azevedo Netto (UFPB)
- Charles Pessanha (UFRJ)
- Flávio Munhoz Sofiati (UFG)
- Elisandro Pires Frigo (UFPR-Palotina)
- Gabriel Augusto Miranda Setti (UnB)
- Helcimara de Souza Telles (UFMG)
- Iraneide Soares da Silva (UFC-UFPI)
- João Feres Junior (Uerj)
- Jordão Horta Nunes (UFG)
- José Henrique Artigas de Godoy (UFPB)
- Josilene Pinheiro Mariz (UFCG)
- Leticia Andrade (UEMS)
- Luiz Gonzaga Teixeira (USP)
- Marcelo Almeida Peloggio (UFC)
- Maurício Novaes Souza (IF Sudeste-MG)
- Michelle Sato Frigo (UFPR-Palotina)
- Revalino Freitas (UFG)
- Simone Wolff (UEL)

*Dedico esta obra aos meus filhos, Ângelo e Antônio,
para que sejam no futuro homens inspirados pelo cuidado.*

AGRADECIMENTOS

Aos professores Dr. Vilmar Adelino Vicente (UFSC e Facasc) e Dr. Antonio Maria Baggio (Sophia) pelo apoio e honestidade acadêmica.

Acaso sou eu o responsável por meu irmão?

(Gênesis 4,9)

APRESENTAÇÃO

Diante de tantas realidades de descuido que colocam em risco a deterioração da qualidade de vida humana e a degradação social, refletir sobre o sentido do cuidado em vista de compreendê-lo em suas qualidades essenciais é uma tarefa que nos convida a nos aprofundar no sentido da vida e da convivência social.

O fenômeno do cuidado faz parte da existência humana. Revela um modo de ser e de conviver que dá forma a um estilo de vida. Para o humanista Jorge Mario Bergoglio (Papa Francisco), o cuidado revela a capacidade da pessoa de sair de si mesma rumo ao outro. De romper com a consciência isolada e a banalização da indiferença que nos torna incapazes de nos compadecer e compreender o drama dos outros.

Nas linhas do humanismo de Bergoglio está o propósito de reconhecer verdadeiros horizontes éticos de referência que privilegiem o diálogo como forma de encontro e, por consequência, a construção de um pacto de cuidado em que as diferenças se harmonizem dentro de um projeto comum que resulta em uma verdadeira paz social.

Diante desse horizonte estão organizados os capítulos da presente obra: um conjunto de publicações que colocam em diálogo o sentido do cuidado com base em diferentes perspectivas.

Uma reflexão transdisciplinar de conteúdo transcultural que compreende o cuidado como a base mais profunda para interpretar a existência e criar modelos de desenvolvimento centrados na cultura do cuidado.

Vilmar Dal Bó

Autor

PREFÁCIO

Fomos surpreendidos com os belos textos que constituem a obra *A Teoria do Cuidado no Humanismo do Papa Francisco*. O livro é o resultado de um processo de estudo e pesquisa do professor Vilmar Dal Bó a respeito da Teoria do Cuidado e a proposta do humanismo do Papa Francisco.

Em suas reflexões, o autor apresenta a primariedade do cuidado como um dado ontológico existencial e suas qualidades essenciais como premissas para uma real cultura do cuidado.

O texto é muito oportuno para refletirmos sobre alguns desafios do mundo atual, sobretudo os processos de desumanização e a "cultura do descartável", em que impera a globalização da indiferença e o descuido.

A proposta do autor de colocar em diálogo os clássicos da Teoria do Cuidado com a proposta do humanismo integral do Papa Francisco resulta em refletir sobre uma ética do cuidado que permita criar uma ordem social mais humana e fraterna, fazendo surgir um novo tecido social.

Ressalta-se que o processo formativo do autor faz transparecer um estilo metodológico centrado na interdisciplinaridade dos saberes com o intuito de reconhecer verdadeiros horizontes éticos de referência para a convivência social.

Felicito o autor pela dedicação e maturação do tema voltado à cultura do cuidado e à adoção de indicadores comportamentais de cuidado que iluminam os desafios da vida pública e privada. Ao mesmo tempo, recomendo ao leitor uma obra que tem como inspiração o imperativo ético de cuidar uns dos outros e que ninguém pode construir-se de costas para o sofrimento. Somos seres de cuidado e destinados ao cuidado.

Dr. Pe. Vilmar Adelino Vicente
Professor aposentado da UFSC e Facasc

SUMÁRIO

INTRODUÇÃO..17

CAPÍTULO I
A BASE HERMENÊUTICA DO HUMANISMO
DE JORGE MARIO BERGOGLIO 19

CAPÍTULO II
A ÉTICA DO CUIDADO NO HUMANISMO
DE JORGE MARIO BERGOGLIO 33

CAPÍTULO III
CUIDAR DAS FRAGILIDADES: A PROPOSTA ÉTICO-SOCIAL DO
HUMANISMO DE JORGE MARIO BERGOGLIO..............................55

CAPÍTULO IV
A CONTRIBUIÇÃO DO PAPA FRANCISCO À DOUTRINA SOCIAL
DA IGREJA: UM PERCURSO DE POSICIONAMENTOS
SOCIOPOLÍTICO-ECONÔMICOS 67

CAPÍTULO V
O ENSINO DA MORAL SOCIAL: O CRISTIANISMO DESAFIADO
A CONSTRUIR CIDADANIA 89

CAPÍTULO VI
HARMONIA PLURIFORME: A PROPOSTA DA SINODALIDADE À LUZ
DA EXORTAÇÃO APOSTÓLICA *EVANGELII GAUDIUM* 103

CAPÍTULO VII
INDICADORES COMPORTAMENTAIS DE CUIDADO: PARÂMETROS
REFERENCIAIS PARA UM PACTO SOCIAL DE CUIDADO 119

CAPÍTULO VIII
INDICADORES COMPORTAMENTAIS DE CUIDADO: A TEORIA DO CUIDADO COMO MEIO PARA SUPERAÇÃO DA BANALIZAÇÃO DA INDIFERENÇA QUE TENDE A UMA "DESORIENTAÇÃO GENERALIZADA", ESPECIALMENTE NA FASE DA JUVENTUDE......137

CAPÍTULO IX
O BRASIL PÓS-PANDEMIA: OS DESAFIOS
PARA A ADMINISTRAÇÃO PÚBLICA..149

CONSIDERAÇÕES FINAIS..153

INTRODUÇÃO

O presente livro reúne um copilado de artigos científicos resultantes de um percurso de estudo e pesquisa a respeito da Teoria do Cuidado e do humanismo do Papa Francisco. Nele, estrutura-se uma abordagem transdisciplinar que coloca em diálogo as diferentes áreas do conhecimento humano, tais como a teologia, a filosofia e as ciências sociais e humanas.

Trata-se, portanto, de refletir sobre as bases filosóficas do cuidado para a fundamentação de uma ética propícia à convivência social, sem relativizar e rejeitar a dimensão da transcendência e do sagrado como um dado antropológico existencial.

Os principais autores que fundamentam bibliograficamente os artigos que constituem este trabalho são: Jorge Mario Bergoglio (Papa Francisco), Luigina Mortari, Elena Pulcini, Martin Heidegger, entre outros. Metodologicamente o livro está organizado em nove capítulos.

No primeiro capítulo — "A base hermenêutica do humanismo de Jorge Mario Bergoglio" —, está o desafio de clarificar os fundamentos que movem o pensar e o agir do Papa Francisco.

"A ética do cuidado no humanismo de Jorge Mario Bergoglio", tema do segundo capítulo, consiste em apresentar o cuidado como um imperativo ético nas relações interpessoais e sociais.

A fragilidade e a vulnerabilidade são os objetos centrais do terceiro capítulo — "Cuidar das fragilidades: a proposta ético-social do humanismo de Jorge Mario Bergoglio". Nele se desenvolve a preocupação por integrar os mais lentos, fracos ou menos dotados para que possam também singrar na vida.

"A contribuição do Papa Francisco à doutrina social da Igreja: um percurso de posicionamentos sociopolítico-econômicos" é a temática do quarto capítulo. Nele se desenvolvem as posições pastorais do Papa Francisco em consonância com o conteúdo social da fé.

No quinto capítulo — "O ensino da moral social: o cristianismo desafiado a construir cidadania" —, reflete-se sobre a importância do ensino da Moral Social como uma disciplina que ensina a pensar criticamente e reafirma a existência de normas morais objetivas validas para todos. Consecutivamente, no sexto capítulo — "Harmonia pluriforme: a proposta da sinodalidade à luz da Exortação Apostólica *Evangelii Gaudium*" —, apresenta-se a proposta da sinodalidade contida na Exortação Apostólica *Evangelii Gaudium*.

No sétimo capítulo — "Indicadores comportamentais de cuidado: parâmetros referenciais para um pacto social de cuidado" —, está a proposta de mensurar o cuidado com base em uma translação ontológico-social.

O oitavo capítulo — "Indicadores comportamentais de cuidado: a teoria do cuidado como meio para superação da banalização da indiferença que tende a uma 'desorientação generalizada', especialmente na fase da juventude" —, propõe-se a refletir sobre a teoria do cuidado diante dos desafios hodiernos que incidem na fase da juventude e na vida do jovem.

Por fim, no nono capítulo — "O Brasil pós-pandemia: os desafios para administração pública" — estão elencadas algumas considerações desafiadoras para a retomada da convivência social inspiradas nas linhas do pensamento do Papa Francisco.

Cada capítulo, organizado a partir de determinado artigo, dialoga entre si por meio de um fio condutor: a ética do cuidado. Ou seja, um *modo de Ser* e de estar no mundo que qualifica as relações, em âmbito seja privado ou público.

CAPÍTULO I

A BASE HERMENÊUTICA DO HUMANISMO DE JORGE MARIO BERGOGLIO[1]

O Papa Francisco tem insistido, em seu pontificado, coerente com seu testemunho de vida, na prática de um modelo eclesiológico que lança a Igreja para fora de si mesma e supera a lógica de uma Igreja autorreferenciada. A circularidade trinitária e o modelo do poliedro convergente são os paradigmas por excelência de Jorge Mario Bergoglio. Em Bergoglio, a Igreja sai ao encontro da vida planetária, coloca-se em diálogo com as ciências e as diversidades culturais e adota uma postura de misericordiosa e de cuidado. No humanismo de Bergoglio está o encontro com o rosto do outro, relevando-se o imperativo de uma ética social que tem carne e rosto. Trata-se, nesse sentido, de uma proposta de desenvolver uma comunhão nas diferenças capaz de ultrapassar a superfície conflitual e conceber o outro na sua dignidade mais profunda. Na base hermenêutica de Bergoglio está a filosofia da polaridade (própria da experiência inaciana), a teologia *del pueblo* (predominante na Argentina, na década de 70) e a teoria da oposição polar (objeto de estudo da tese de doutorado de Bergoglio não concluída). Com ela, emerge um desejo inexaurível de oferecer misericórdia e de uma diversidade reconciliada.

Introdução

O presente artigo tem como objetivo apresentar a base hermenêutica do pensamento de Jorge Mario Bergoglio e as linhas-mestras de seu pontificado.

Acerca do autor supramencionado, muito vem sendo escrito sobre o Papa Francisco e seus posicionamentos desde que foi eleito bispo de Roma, porém há uma lacuna de estudos em que se pretende identificar a base hermenêutica fundamentadora dos grandes temas de seu pontificado.

---

[1] Artigo comunicado no I Congresso Brasileiro de Teologia Pastoral, de 3 a 6 de maio de 2021, na Faculdade Jesuíta de Filosofia e Teologia (Faje), de Minas Gerais.

Bergoglio tem insistido que é preciso demolir os muros que dividem países e pessoas e construir pontes que permitam diminuir as desigualdades. Denunciando, assim, a "cultura da indiferença" e a "cultura do descarte", o Papa acena para a "cultura do encontro" e a "cultura da misericórdia".

Leituras reducionistas e um tanto quanto precipitadas dos gestos e linguagem de Bergoglio fazem com que alguns extremistas – dentro e fora da Igreja – tenham acusado o Papa de "marxista", algo que, com elegância, o próprio papa afirmou não ficar ofendido quando lhe chamam de marxista (CUNHA, 2014, p. 290).

Ato contínuo, o pensamento humanitário do atual pontífice e seus gestos de solidariedade humana têm lhe dado um prestígio e uma estima que ultrapassa as fronteiras da Igreja Católica. O fato de tamanha notoriedade, por diversos aspectos, está, sobretudo, em destacar a centralidade da misericórdia e de pensar um mundo aberto em que a vida subsiste onde há vínculos de comunhão e fraternidade (FRANCISCO, FT, n. 87, 2020, p. 45). Entretanto, sua perspectiva defronta-se com segmentos da sociedade civil que preconizam "os interesses do mercado divinizado, transformados em regra absoluta" (FRANCISCO, EG, n. 56, 2013, p. 43), trazendo notável desconforto. Os "nãos" de Francisco denunciam os lucros de poucos e a especulação financeira que parece não conhecer limites: "não a uma economia da exclusão, não à idolatria do dinheiro, não a um dinheiro que governa em vez de servir, não à desigualdade social que gera violência" (FRANCISCO, EG, n. 53-60, 2013, p. 41-450).

Nesse prisma, a insistência na misericórdia, "fio condutor da ética social de Bergoglio" (SCANNONE, 2018, p. 3), está em continuidade com a prioridade da dignidade humana e uma Igreja aberta aos problemas reais da humanidade, em diálogo com o mundo atual, com as outras Igrejas cristãs e de diferentes religiões. Quando acusado de "vulgarizar", "baratear" ou colocar em risco a doutrina católica, Francisco recorda que é um continuador do Concílio Vaticano II e dos papas que o antecederam: "Eu continuo no caminho de quem me precedeu, eu sigo o Concílio" (FALASCA, 2016).

Bergoglio tem uma visão da Igreja e da sociedade como se fosse um hospital de guerra, e, com isso, a missão de não dar costas ao sofrimento: "é preciso cuidar e sustentar os mais frágeis e vulneráveis das nossas sociedades desenvolvidas" (FRANCISCO, FT, n. 64, 2020, p. 35). Isso consiste no desenvolvimento integral dos mais abandonados da sociedade e no empenho à cooperação para resolver a causa estrutural da pobreza e promover o desenvolvimento que permita a todos os povos se tornarem artífices do seu destino (PAULO IV, PP, n. 65, 1967).

Em adendo, Bergoglio insere-se a um grupo de pensadores humanistas que defendem o diálogo como forma de encontro e o valor supremo da pessoa humana em todas as fases de sua existência. No diálogo com o Estado e a sociedade, a Igreja não tem soluções para todas as questões específicas, mas, com as várias forças sociais, acompanha as propostas que melhor correspondem à dignidade da pessoa humana e ao bem comum (FRANCISCO, EG, n. 240, 2013, p. 137). Afirma: "Supõe a convicção de que o ser humano é sempre sagrado e inviolável, em qualquer situação e em cada etapa do seu desenvolvimento. É fim em si mesmo, e nunca um meio para resolver outras dificuldades" (FRANCISCO, EG. n. 213, 2013, p. 126).

Bergoglio desenvolve seu pensamento dentro da escola personalista e revela elementos de um autêntico humanismo cristão, diferencia a evangélica opção pelos mais vulneráveis, e a luta contra a deterioração da qualidade de vida humana e degradação social, de qualquer tentativa de utilizar os pobres e a pauta da sustentabilidade ao serviço de interesses pessoais ou políticos. Afirma Bergoglio: "Assim acrescenta-se uma nova injustiça sob o disfarce do cuidado do meio ambiente" (FRANCISCO, LS, n. 170, 2015, p. 102). Ao refletir a fraqueza das reações políticas internacionais, em que predomina uma especulação e uma busca de receitas financeiras que tendem a ignorar todo o contexto e os efeitos sobre a dignidade humana e sobre o meio ambiente (FRANCISCO, LS, n. 56, 2015, p. 38). Assim se manifesta como estão intimamente ligadas a degradação ambiental e a degradação humana ética (FRANCISCO, LS, n. 56, 2015, p. 38).

Logo, o paradigma epistemológico de Bergoglio revela-nos três momentos de análise conjuntural: *reconhecer, compreender, curar* (OTTAVIANI, 2017, p. 17-18). Por conseguinte, momentos decorrentes do conteúdo de sua ética social: "ninguém pode experimentar o valor de viver sem rostos concretos a quem amar" (FRANCISCO, FT, n. 87, 2020, p. 45).

O humanismo de Jorge Mario Bergoglio não desenvolve uma teoria feita de ideias abstratas, tampouco se limita à funcionalidade de uma moral ético-social conceitual. Contudo, revela-nos uma característica essencial do ser humano, frequentemente esquecida: "fomos criados para plenitude, que só se alcança no amor" (FRANCISCO, FT, n. 68, 2020, p. 36).

Em Bergoglio, a fé, alicerçada numa perspectiva humanística, deve manter vivo um senso crítico perante as realidades contemporâneas que podem desencadear processos de desumanização, que, quando consolidados, tornam-se difíceis de retroceder.

Dadas as motivações para um novo sentido social da existência, o presente artigo apresentará a base hermenêutica do pensamento de Bergoglio: a filosofia da polaridade (própria da experiência inaciana), a teologia *del pueblo* (predominante na Argentina na década de 70) e a teoria da oposição polar (objeto de estudo da tese de doutorado de Bergoglio não concluída). Em adendo, ao artigo alia-se o desejo inexaurível de oferecer misericórdia e de uma diversidade reconciliada em dimensão fraterna.

1. Francisco de Roma

A vida de Bergoglio é uma história de entrega e serviço à Igreja, à Companhia de Jesus e ao povo que lhe foi confiado. Sacerdote Jesuíta, recém-formado, foi nomeado mestre de noviços e, posteriormente, superior da Companhia de Jesus na Argentina, cargo que desempenhou de 1973 a 1979. Nessa época, a situação política na Argentina fora marcada pelas dificuldades de uma ditadura militar.

Ao concluir o mandato provincial, Bergoglio assumiu a reitoria do Colégio Máximo e das Faculdades de Filosofia e Teologia de San Miguel, uma atividade que demonstra apreço e preparo para a vida intelectual e acadêmica. Em 1986 esteve na Alemanha para recolher material e escrever uma tese de doutorado sobre Romano Guardini, essa inconclusa. Retornando à Argentina, Bergoglio fixou-se em Buenos Aires e passou a lecionar Teologia Pastoral em San Miguel.

A posteriori, no ano de 1990, Jorge Mario Bergoglio foi destinado à cidade de Córdoba. O Papa João Paulo II, em 1998, nomeou-o bispo auxiliar de Buenos Aires. Com a simpatia do clero e o apoio do cardeal Antonio Quarracino, Bergoglio foi feito arcebispo coadjutor, com direito à sucessão. Em 2002, na condição de cardeal, recusou o cargo de Presidente da Conferência Episcopal Argentina, pois, de fato, Bergoglio nunca foi um prelado carreirista, sua ascensão ao serviço da Igreja sempre foi construída em necessidade ao serviço. Um dos fatos marcantes de seu ministério – ora quando um jovem padre, ora como cardeal – foi as suas "andanças" pelas favelas de Buenos Aires.

A partir das veredas urbanas, elenca-se a Vila 1-11-14, do bairro Bajo Flores, como uma das tantas favelas que o arcebispo primado de Buenos Aires costumava percorrer. Escreve Piqué (2014): "É um espaço onde há drogas, violência, queixas, misérias e também esperanças. Filas eternas de pessoas esperando comidas, roupas, assistência social e ajudas para tirar documentos de todos os tipos" (PIQUÉ, 2014, p. 136). As pessoas que habitavam nas periferias tinham um grande carinho pelo cardeal Bergoglio. Ele era reconhecido como aquele que é "mais um entre todos nós" (PIQUÉ, 2014, p. 137).

Assim, o cardeal dedicava às favelas uma atenção afetiva e efetiva. Segundo Elisabetta Piqué (2014), Bergoglio estava convencido de que nas favelas está escondido um tesouro do qual a Igreja inteira é beneficiada: "a fé profunda e a religiosidade simples das pessoas de lá" (PIQUÉ, 2014, p. 138).

Segundo relatos, era comum Bergoglio priorizar uma festa da padroeira na Villa 21 a uma missa comemorativa na catedral portenha. Visitava as favelas com frequência, muitas vezes chegava nelas sem avisar aos seus moradores. Visitava as famílias, adentrava as casas, comia com elas, tomava chimarrão. Foi um bispo, agora papa, que pisou nas favelas, "não falava por ouvir dizer, mas conhece a dor, conhece as lutas, conhece a alegria" (PIQUÉ, 2014, p. 138).

A eleição de Bergoglio como papa no ano 2012 não suscitou apenas "um papa quase bem perto do fim do mundo" – expressão utilizada por Bergoglio no dia de sua eleição –, mas o exemplo de um homem que costumava caminhar entre todos, sem medo e sem vergonha. Relata Elisabetta Piqué; "Com ele éramos todos iguais" (PIQUÉ, 2014, p. 139).

Esse conjunto de gestos, linguagens e sinais não poderia ser diferente. Ao ser eleito papa, Bergoglio tomou para si o nome de Francisco, o fundador da Ordem dos Franciscanos. Para Boff (2014), Francisco não é um nome. É um projeto de Igreja, pobre, simples, evangélica e destituída de todo aparato. Uma Igreja pobre para os pobres! "Também ecológica que chama a todos os seres com a doce palavra de irmãos e de irmãs" (BOFF, 2018, p. 51).

Em consonância com a compreensão de Boff, Ottavaiani (2017) recorda que Paulo VI (1897-1979) teria dito que o nome do fundador da Ordem dos Franciscanos dificilmente seria atribuído a um pontífice por causa da incongruência dos protocolos pontifícios e da riqueza cultural e arquitetônica que orbitam um sumo pontífice. Porém Bergoglio quebra esse paradigma e deixa-se interpelar pela longa tradição dos profetas da caridade, que se preocupam com a justiça social, fazem-se próximos dos fracos e excluídos e levam uma vida despojada.

Assim será o pontificado do papa latino: uma Igreja em saída, que anda pelas periferias, que lança a Igreja para fora de si e em direção ao mundo e aos outros, particularmente dos mais fragilizados, que entra na vida das pessoas, encurta as distâncias, abaixa-se "e assume a vida humana, tocando a carne sofredora de Cristo no povo" (FRANCISCO, EG, n. 24, 2013, p. 23). Bergoglio oferece para a Igreja aquilo que era próprio de sua práxis: ir ao encontro, procurar os afastados, chegar às encruzilhadas dos caminhos, andar pelas favelas, entrar nas casas, comer com as famílias, ouvir suas lamentações, celebrar com elas suas alegrias e oferecer misericórdia. Portanto, um modelo eclesiológico que transcende a postura de um líder religioso sagrado para acompanhar a humanidade em todos os seus processos, por mais duros e demorados que sejam (FRANCISCO, EG, n. 24, 2013, p. 23).

Em Bergoglio, a Igreja em saída não é apenas um *slogan* do pontificado, mas a base pragmática, uma convicção que nos revela um forte humanismo: "O Cristo feito carne se faz presente na carne do outro" (FRANCISCO, EG, n. 88, 2013, p. 59).

2. O humanismo de Bergoglio

O humanismo de Bergoglio enquadra-se epistemologicamente na filosofia do cuidado, ou seja, na corrente de pensamento que tem como objetivo refletir o fundamento da vida social em perspectiva da cultura do cuidado. Nenhum povo, nenhuma cultura, e/ou nenhum indivíduo pode obter tudo em si. Para Bergoglio, sempre é possível desenvolver uma nova capacidade de sair de si rumo ao outro. Sem essa capacidade, não se dá às outras criaturas o seu valor, não se sente interesse em cuidar de algo para os outros. Os outros são, constitutivamente, necessários para a construção de uma vida plena.

Contudo, o sentido da vida e da convivência social subsiste onde há vínculos de responsabilidade capazes de manifestar a opção fundamental de "superar as inimizades e a cuidar uns dos outros" (FRANCISCO, FT, n. 57, 2020, p. 32).

Para tanto, o humanismo de Jorge Mario Bergoglio revela verdadeiros horizontes éticos de referência: uma proposta que se verifica em toda a existência projetada na realização da fraternidade humana. O autor fala em "revolução da ternura" (FRANCISCO, EG, n. 88, 2013, p. 59), expressão utilizada para justificar a fé no Filho de Deus feito carne inseparável do dom de si mesmo, da pertença à comunidade, do serviço, da reconciliação com a carne dos outros. Assim podemos falar em uma "fraternidade universal" (FRANCISCO, LS, n. 228, 2015, p. 131), o desenvolvimento de uma verdadeira cultura do cuidado, inclusive aquela do meio ambiente.

No humanismo de Bergoglio, está a proposta do acolhimento público. Ela diz respeito ao âmbito da solidariedade e da preocupação com os mais vulneráveis, sem descuidar-se do empenho para a construção de uma sociedade mais justa, na defesa da vida e do meio ambiente, e na consolidação dos direitos humanos e civis. Um estilo de vida que implica capacidade de viver juntos e de comunhão.

A proposta de um humanismo que floresce um desenvolvimento sustentável e equitativo eliminando as formas de espoliação da natureza e das relações humanas é a chave de leitura da ética social de Jorge Mario Bergoglio. Para melhor elucidarmos os valores sólidos de seu pensamento, faz-se necessário tangenciarmos o processo histórico, o contexto cultural e o estatuto epistemológico que gestam o humanismo de Bergoglio. Leia-se: *a filosofia da polaridade, a teologia del Pueblo* e *a teoria da oposição*.

2.1 A filosofia da polaridade

Segundo o filósofo e teólogo argentino Juan Carlos Scannonne (2018), professor de Jorge Mário Bergoglio, a filosofia da polaridade faz parte do discernimento inaciano. Ela consiste em refletir sobre Deus e seu desígnios concretos para a humanidade e para a plenitude humana. Massimo Borghesi (2018) recorda a importância do pensamento dialético na Companhia de Jesus: "A raiz da tensão polar está na própria espiritualidade e teologia de Inácio, um pensamento em movimento que confia na reconciliação" (BORGHESI, 2018, p. 84).

Diferente da dialética hegeliana fundamentada sobre a contradição e o conflito, a dialética bergogliana antinômica consiste na oposição das realidades polares, ou seja, a unidade que não anula o diferente. A forma desse pensamento tem em seu centro uma dialética que encontra o acolhimento e a reconciliação, afirma Borghesi (2018, p. 79): "diversamente do hegeliano, não termina na síntese da razão, mas na de um princípio superior dado pelo Deus sempre maior".

O resultado dessa dialética é um esforço para a reconciliação das realidades polares, ou seja, distintas, mas não contraditórias. Em seus escritos, Bergoglio insiste em um empenho para que se faça surgir "uma diversidade reconciliada" (FRANCISCO, EG, n. 230, 2013, p. 132), reafirmando, também, uma "reconciliação com a carne dos outros" (FRANCISCO, EG, n. 88, 2013, p. 59).

Para o jesuíta Juan Carlo Scannone (2018), a filosofia da polaridade é o exercício da lógica existencial que reflete a translação da dimensão existencial ao social. Resultado do que reflete Bergoglio ao afirmar: "a realidade é superior à ideia" (FRANCISCO, EG, n. 233, 2013, p. 133).

A filosofia da polaridade contribui para que Bergoglio desenvolva um pensamento que acolha as polaridades, as realidades opostas, e que não as submeta a uma síntese de conflitos, mas sim de reconciliação, pois na natureza da polaridade não há contradição, o que há é posição e orientação distintas, que precisam ser conduzidas para a vida da comunhão e da unidade, respeitando a singularidade das polaridades.

2.2 A teologia *del Pueblo*

A teologia *del Pueblo*, ou a teologia do povo fiel, foi aquela que predominou na Argentina nos anos 70 (setenta) após o Concílio Vaticano II. Contava com teólogos e pensadores como: Lucio Gera, Rafael Tello, Justino O'Farrell, Geraldo Farrell, Fernando Boasso, Juan Carlos Scannonne.

Segundo Borghesi (2018), a teologia *del pueblo*, aquela refletida e vivida por Jorge Mario Bergoglio, centrava-se na vida teologal presente na piedade dos povos cristãos, principalmente dos mais pobres. O tema da piedade popular ultrapassa o da espiritualidade e se faz lugar teológico: "A fé cristã do povo é um lugar teológico, lugar hermenêutico de uma fé vivida, 'aculturada'" (BORGHESI, 2018, p. 72).

Contudo, a categoria *pueblo fiel* se separa claramente tanto das ideologias populistas, quanto do sistema marxista, baseado nas categorias "'abstratas' de burguesia e proletariado" (BORGHESI, 2018, p. 72). Bergoglio convida-nos, à luz de uma proposta evangélica, a "apreciar o pobre na sua bondade própria, com o seu modo de ser, com a sua cultura, com a sua forma de viver a fé" (FRANCISCO, EG, n. 199, 2013, p. 120).

Ainda, Scannone, no artigo "Papa Frencesco e la teologia del popolo", escrito para a revista *Civiltà Cattolica*, em 2014, afirma que a teologia do povo é uma marca do episcopado do Papa Francisco, e ela revela sua preocupação com a realidade da fé aculturada e a inserção da Igreja na cultura, na fé, e na caminhada histórica do povo. Prova desse modelo pastoral-eclesiológico é a insistência em uma Igreja "pobre para os pobres" em saída (FRANCISCO, EG, n. 198, 2013, p. 120). No mesmo sentido, o próprio Bergoglio afirma que toda cultura e todo grupo social necessita de purificação e amadurecimento e que muitas fragilidades podem ser curadas pelo evangelho e pela piedade popular (FRANCISCO, n. 69, 2013, p. 49).

A teologia *del pueblo,* como lugar teológico, retira os formalismos, os idealismos, a teoria abstrata que separa a ideia da realidade, rompendo as lógicas fechadas e excludentes. Esse modelo teológico foi, certamente, a força que conduzia Bergoglio em suas "andanças" pelas periferias quando cardeal de Buenos Aires, e é, reiteradamente, o convite que faz à Igreja e à sociedade em reconhecer e a "descobrir Jesus no rosto dos outros" (FRANCISCO, EG, n. 91, 2013, p. 91). Ensina-nos que Deus se fez pobre por nós, para enriquecer-nos com sua pobreza. E nós somos chamados a descobrir Cristo neles.

2.3 Teoria da oposição polar

A teoria da oposição polar revela-nos a influência do pensamento do filósofo e teólogo Romano Guardini sobre Bergoglio. Guardini é citado explicitamente na *encíclica Laudato Sì,* número 203, no Capítulo VI, que aborda a *Educação e espiritualidade ecológica.* Mas seria a exortação apostólica, *Evangelii Gaudium,* segundo autores como Massimo Borghesi (2018) e Juan Carlos Scannone (2018), o documento em que estaria contida a maior influência do pensamento de Guardini, a parte em que trata dos critérios sociais. Possivelmente o coração da tese de doutorado iniciada e não concluída.

Contudo, a teoria da oposição polar clarifica muitos dos sinais e gestos do humanismo de Bergoglio. Os opostos constituem a seiva do concreto vivo, aquilo que torna móvel e dinâmica sua unidade. A polaridade é sempre uma tensão opositiva e não contraditória, portanto, pela oposição, é possível chegar-se a uma síntese de comunhão, unidade, reconciliação. Por sua vez, a contradição, como aquela entre bem e mal, obriga ao contrário, a uma decisão, a uma escolha: o mal não é contrapolo do bem, é sua negação (BORGHESI, 2018).

A distinção entre oposição e contradição é o fundamento da teoria polar. Bergoglio assume essa teoria para a formação de sua dialética, que não tende como síntese à desintegração o conflito e a violência, mas a integração, a reconciliação e a benevolência. Um processo que requer como fio condutor da experiência moral e da ação humana o princípio de misericórdia. As polaridades elencadas de Romano Guardini (*Plenitude-limite, Ideia-realidade, Globalização-localização*) servirão como base para os princípios que orientam especificamente o "desenvolvimento da convivência social e a construção de um povo onde as diferenças se harmonizam dentro de um projeto comum" (FRANCISCO, EG, n. 221, 2013, p. 129).

3. O humanismo de Bergoglio e a paz social

A proposta do humanismo de Jorge Mario Bergoglio substancia-se em projetar uma sociedade justa, capaz de memória e isonômica. Um humanismo que reflete ideias e práticas à dimensão do cuidado: em sua mais ampla compreensão. Por isso, a exigência de uma ética do cuidar. Edifica-se, assim, a proposta de "construir pontes, de estreitar laços e de nos ajudarmos a carregar as cargas uns dos outros" (FRANCISCO, EG, n. 67, 2013, p. 48). Comum a esse propósito, Bergoglio desenvolve quatro princípios que considera fundamentais para o bem comum e a paz social. Pontua-se:

- *O tempo é superior ao espaço*: esse princípio nos recorda de privilegiar as ações que geram novos dinamismos na sociedade e comprometem outras pessoas e grupos que os desenvolverão até frutificar acontecimentos históricos importantes. Para Bergoglio, o tempo ordena os espaços. Isso quer dizer que é preciso investir em ações que constroem a plenitude humana em detrimento de ações que produzam resultados imediatos, ganhos fáceis, rápidos e efêmeros. Afirma: "Cuida do trigo e não perda a paz por causa do joio" (FRANCISCO, EG, n. 24, 2013, p. 23).

- *A unidade prevalece sobre o conflito*: quando paramos diante do conflito, perdemos o sentido da unidade profunda da realidade. O conflito deve ser aceito, suportado e superado. A unidade nos permite desenvolver uma comunhão nas diferenças capaz de ultrapassar a superfície conflitante e considerar os outros na sua realidade mais profunda. "A unidade harmoniza todas as diversidades" (FRANCISCO, EG, n. 230, 2013, p. 132).

- *A realidade é mais importante que a ideia*: é preciso evitar que a ideia e os formalismos se desassociem da realidade por meio de retóricas ou intelectualismos sem sabedoria. Esse critério está ligado à encarnação da Palavra e ao seu cumprimento. Evita as várias formas de ocultar e fugir da realidade. Provoca o sentido do compromisso social e de uma ética comunitária. É o princípio que fomenta o serviço, a caridade, a saída, o encontro e o cuidado. "Este critério impele-nos a pôr em prática a Palavra, a realizar obras de justiça e caridade" (FRANCISCO, EG, n. 233, 2013, p. 134).

- *O todo é superior à parte*: trata-se de afirmar que o Homem não deve viver demasiadamente obcecado por questões limitadas e particulares. É preciso alargar sempre o olhar para reconhecer sempre um bem maior que trará benefício a todos. "É a totalidade das pessoas em uma sociedade que procura um bem comum que verdadeiramente incorpore a todos" (FRANCISCO, EG, n. 236, 2013, p. 135).

O humanismo de Bergoglio reflete quatro tensões polares que convidam a razão a alargar as suas perspectivas para os valores fundamentais da existência humana e superar o "individualismo reinante", que faz com que "já não choramos à vista do drama dos outros nem nos interessamos por cuidar deles, como se tudo fosse uma responsabilidade de outrem, que não nos incube" (FRANCISCO, EG, n. 54, 2013, p. 41). Ou seja, emerge como uma proposta de reação à deterioração da qualidade de vida humana e à degradação social.

Conclusão

A base hermenêutica do humanismo de Jorge Mario Bergoglio tem um conteúdo transcultural que convida a razão a alargar as suas perspectivas para uma ética do cuidado.

Em linhas gerais, apresenta-se como uma opção fundamental para reconstruir nosso mundo ferido: superar a indiferença social e política e a cultura do descarte.

O humanismo de Bergoglio enquadra-se dentro de uma proposta moral ético-social, que consiste em acompanhar, cuidar e sustentar os mais frágeis e vulneráveis da sociedade. Não por uma prática devocional ou assistencialista, mas uma experiência moral intrínseca ao modo de ser homem: "ninguém deve construir-se de costas para o sofrimento" (FRANCISCO, FT, n. 65, 2020, p. 35).

A experiência moral do cuidado revela-nos um compromisso social. Bergoglio desenvolve esse compromisso à luz dos princípios polares, ressaltando a importância do tempo, da unidade, da realidade e do todo. Trata-se de um pacto social e cultural para a busca do desenvolvimento integral de todos. Pacto esse que permite aos lentos, fracos e menos dotados poder também singrar na vida.

Contudo, a base hermenêutica do humanismo de Bergoglio é a proposta de uma conversão ecológica que requer uma estupenda comunhão universal, por isso a insistência no cuidado da fragilidade dos pobres e do meio ambiente.

O humanismo de Bergoglio dá forma a um estilo de vida com base em motivações profundas: uma maior profundidade existencial que nos permite experimentar que vale a pena a nossa passagem por este mundo, ou, ainda, simplesmente, "que vale a pena ser bons e honestos" (FRANCISCO, LS, n. 239, 2015, p. 131), "sem nos cansarmos jamais de optar pela fraternidade" (FRANCISCO, EG, n. 91, 2013, p. 61).

REFERÊNCIAS

BOFF, L. *Francisco de Assis e Francisco de Roma*: uma nova primavera na Igreja. Rio de Janeiro: Mar de Ideias, 2014.

BORGHESI, M. *Jorge Mario Bergoglio*: uma biografia intelectual. Petrópolis: Vozes, 2018.

CUNHA, P. F. *Evangelii Gaudium* no contexto da doutrina social da Igreja. *Humanística e Teologia*, Porto, ano 35, 2014.

FALASCA, S. "Eu não barateio a doutrina. Eu sigo o Concílio." Entrevista com o papa Francisco. *IHU on-line*, São Leopoldo, 21 nov. 2016.

FRANCISCO. *Exortação Apostólica Evangelii Gaudium*: sobre o anúncio do Evangelho no mundo atual. São Paulo: Loyola; Paulus, 2013.

FRANCISCO. *Carta Encíclica Laudato Si'*: sobre o cuidado da casa comum. São Paulo: Loyola; Paulus, 2015.

FRANCISCO. *Carta Encíclica Fratelli Tutti*: sobre a fraternidade e a amizade social. São Paulo: Loyola; Paulus, 2020.

OTTAVIANI, E. *Apontamentos sobre o pontificado do papa Francisco*. São Paulo: Paulus, 2017. (Vida Pastoral, ano 58, n. 316).

PAULO VI. *Populorum Progressio:* sobre o desenvolvimento dos povos. São Paulo: Loyola; Paulus, 1967.

PIQUÉ, E. *Papa Francisco*: vida e revolução. São Paulo: LeYa, 2014.

SCANNONE, J. C. Papa Francesco e la Teologia del Popolo. *La Ciciltà Cattolica*, Roma, ano 165, n. 3930, 2014.

SCANNONE, J. C. A ética social do Papa Francisco: o Evangelho da misericórdia segundo o espírito de discernimento. *Cadernos Teologia Pública*, São Leopoldo, ano XV, v. 15, n. 135, 2018.

CAPÍTULO II

A ÉTICA DO CUIDADO NO HUMANISMO DE JORGE MARIO BERGOGLIO[2]

No presente capítulo apresentaremos as bases hermenêuticas para uma cultura do cuidado e sua contribuição à convivência social, cujas raízes remetem à ética do cuidado e a um autêntico humanismo civil. Neste percurso, assumiremos a perspectiva ético-filosófica, teológica e pastoral de Jorge Mario Bergoglio, e com ela o desafio de fundamentar um pacto social e cultural que privilegie o diálogo como forma de encontro e a busca de consensos e de acordos para a construção de uma sociedade justa, capaz de solidariedade, de cuidado e sem exclusões. No centro do artigo emerge a proposta do humanismo de Jorge Mario Bergoglio, o Papa Francisco, centrado na filosofia do cuidado (a experiência moral do cuidado), a revolução da ternura (o encontro com o rosto do outro), e a fraternidade universal (fundamento da vida social). Trata-se de uma proposta que reconhece verdadeiros horizontes éticos de referência para estabelecer um pacto social e cultural à luz da cultura do cuidado.

Introdução

O presente artigo, de natureza bibliográfica exploratória, situa-se no horizonte da ética social e da teologia moral. O seu objeto de estudo consiste em apresentar a ética do cuidado como o fundamento de normas morais objetivas para o desenvolvimento da cultura do cuidado e da convivência social na perspectiva filosófica, teológica e pastoral de Jorge Mario Bergoglio.

A moral é um produto da vida social. A vida social, do ponto de vista ético, se tece profundamente enraizada em valores, cujo sentido elementar se apresenta, em certa parte, comum a todos os membros da comunidade moral.[3]

---

[2] Artigo comunicado no III Encontro de Economia de Comunhão e suas pontes multidisciplinares em 24 de agosto de 2021, na Universidade Federal do Estado do Rio de Janeiro (Unirio).
[3] Cf. SILVA, Márcio Bolda da. *Parâmetros de fundamentação moral*: ética teológica ou filosófica? Petrópolis: Vozes, 2005.

Na perspectiva da dimensão social, indivíduo e comunidade são dois termos inseparáveis. A comunidade exerce influência decisiva na regulamentação do comportamento moral, e o indivíduo, por sua vez, para agir moralmente, só pode fazê-lo estando inserido na sociedade.[4] Portanto, para uma ciência ou qualquer proposta empírica que pretenda oferecer soluções para os grandes problemas da sociedade hodierna e produzir maior equidade e inclusão social no mundo é preciso "ter em conta tudo o que o conhecimento gerou nas outras áreas do saber, incluindo a filosofia e a ética social"[5].

Dentro desse estatuto epistemológico, à luz das linhas gerais do pensamento humanístico de Jorge Mário Bergoglio, que revela traços próprios de uma filosofia personalista, recorreremos aos aspectos éticos da vida em sociedade, sem descuidar-nos das complexas realidades hodiernas, para julgá-las com critério moral.

No pensamento humanista de Jorge Mario Bergoglio emergem as preocupações que atingem as realidades hodiernas: a crise do compromisso comunitário, as consciências isoladas, a globalização da indiferença, e um estilo de vida individualista que, "sem nos dar contas, tornamo-nos incapazes de nos compadecer ao ouvir os clamores alheios"[6]. De forma mais objetiva, afirma Bergoglio, "já não choramos à vista do drama dos outros nem nos interessamos por cuidar deles, como se tudo fosse uma responsabilidade de outrem, que não nos incube"[7].

Bergoglio aponta para processos de desumanização que fazem crescer na sociedade moderna o medo, a falta de respeito, a violência e a cultura do descarte. Realidades contraproducentes que afetam tanto os seres humanos excluídos como as coisas que se convertem rapidamente em lixo.[8] No autor há uma preocupação latente com a deterioração da qualidade de vida humana e a degradação social.

As reflexões de Bergoglio, porém, não possuem o monopólio da interpretação da realidade social moderna, e muito menos a pretensão de apresentar-nos soluções definitivas para os problemas contemporâneos.

---

[4] *Cf.* SILVA, Márcio Bolda da. *Rosto e alteridade*: pressupostos da ética comunitária. São Paulo: Paulus, 1995.

[5] FRANCISCO. *Exortação Apostólica Evangelii Gaudium*: sobre o anúncio do Evangelho no mundo atual. São Paulo: Paulus; Loyola, 2013; EG 209.

[6] FRANCISCO, 2013, p. 41; EG, 54.

[7] FRANCISCO, 2013, p. 41; EG, 54.

[8] *Cf.* FRANCISCO. *Exortação Apostólica Laudato Si'*: sobre o cuidado da casa comum. São Paulo: Paulus; Loyola, 2015, p. 21; LS 22.

Mas, em seu autêntico humanismo, como fruto de um processo de translação do existencial para o social, próprio dos exercícios inacianos, aponta para uma reflexão ético-social, "em saída", em movimento, *em-relação*. Insere-se dentro de um processo de reflexão moral, em oposição aos projetos eticamente debilitados, de modo particular, aquele "individualista que brota do coração comodista e mesquinho, da busca desordenada de prazeres superficiais, da consciência isolada"[9].

Diante das várias formas de ignorar ou eliminar o outro, dentro de um modelo de sociedade em que predomina a lei do mais forte, onde o poderoso engole o mais fraco, Bergoglio apresenta-nos a ética do cuidado como o fundamento da vida social. Fervilha no pensamento de Bergoglio a proposta de um pacto cultural e social que seja capaz de realizar a fraternidade; cuidar da fragilidade, curar as feridas, superar a intolerância, os fanatismos, as lógicas fechadas e a fragmentação social. Insistirá no diálogo como um caminho de encontro, e na unidade como expressão de comunhão que harmoniza todas as diversidades.[10]

Bergoglio aponta-nos para a proposta de uma moral reflexiva e vivida que tenha como parâmetro e práxis o agir orientado para o cuidado. Ou seja, assumir o paradigma do cuidado como objeto característico da experiência moral. Um modo de *ser* e de *agir* que penetre no povo e na sociedade, caracterizando um novo modo de viver. Isto é, uma passagem da dimensão existencial-reflexiva ao existencial-social.[11] Da ética do cuidado para a cultura do cuidado.

Interpretar a convivência social em perspectiva do cuidado significa assumirmos uma ética que nos ajude efetivamente a crescer na solidariedade, na responsabilidade e no cuidado com a vida e as humanas relações. Motivações profundas que requerem novas atitudes e novos estilos de vida.

Metodologicamente o presente artigo pretende abordar as linhas gerais do pensamento do Jorge Mario Bergoglio (as correntes e autores que influenciam o seu pensamento), a ética do cuidado e sua contribuição para a cultura do cuidado e a convivência social, bem como a proposta de um novo pacto social e cultural.

---

[9] FRANCISCO, 2013, p. 9; EG, 2.
[10] *Cf.* FRANCISCO, 2013, p. 136; EG, 239.
[11] *Cf.* SCANNONE, Juan Carlo. A ética social do Papa Francisco: O Evangelho da Misericórdia segundo o espírito do discernimento. *Caderno Teologia Pública*, ano XV, n. 135, v. 15, p. 14-16, 2018.

Por fim, realçar o esforço empregado no pensamento social de Jorge Mario Bergoglio para refletir sobre a translação das consciências isoladas e fechadas para consciências sociais e comunitárias em perspectiva do cuidado. A proposta de um estilo de vida que implica viver juntos e desencadeie um processo de "diversidade reconciliada"[12]. O cuidado como o fundamento para uma autêntica estrutura social.

1. A base hermenêutica do pensamento de Jorge Mario Bergoglio

Segundo os especialistas que se dedicam em estudar e analisar a base hermenêutica do pensamento de Jorge Mario Bergoglio, entre eles Carlos Scannone, Massimo Borghesi e Edelcio Ottaviani, é preciso considerar a contribuição e as marcas da teologia *del Pueblo argentina*, a filosofia da polaridade e a teoria da oposição polar ao pensamento de Bergoglio. Vejamos as particularidades desses saberes e as teorias que influem sobre o pensamento e as reflexões de Jorge Mario Bergoglio.

1.1 A teologia *del pueblo*

O pensamento de Bergoglio toma forma e consistência nas décadas de 1960 a 1970, entre a tensão do messianismo revolucionário e a cruzada anticomunistas de homens fardados, diga-se uma tragédia sem fim na Argentina.

O pensamento de Bergoglio objetivava restituir dignidade à orientação histórica cultural do país em relação ao endereço sociológico que, por trás da influência de correntes modernistas, americanizantes e marxistas, tendia impor-se como horizonte dominante.[13] Além disso, opunha-se à confusão entre teologia e filosofia, natural e sobrenatural, que vimos estar na base da nova teologia da Libertação de Gutiérrez, por último reagia à hegemonia de Hegel e do hegelianismo típicos dos estudos filosóficos dos anos de 1970.[14]

Para o filósofo e teólogo argentino Juan Carlos Scannone, professor de Jorge Mario Bergoglio, a base do pensamento de Bergoglio está enraizada na fé do santo povo fiel de Deus, que é o lugar teológico da *Teologia del*

---

[12] FRANCISCO, 2013, p. 132; EG, 230.
[13] BORGHESI, Massimo. *Jorge Mario Bergoglio*: uma biografia intelectual. Petrópolis: Vozes, 2018.
[14] BORGHESI, 2018, p. 65.

Pueblo. Segundo Scannone, para que se possa compreender o pensamento de Bergoglio é preciso compreender a teologia *del povo* argentina e seu método:

> Após seu retorno do Concílio Vaticano II, em 1966, o episcopado argentino criou a Coepal (Comissão Episcopal de Pastoral), com a finalidade de elaborar um plano nacional de pastoral. Era formado por bispos, teólogos, especialistas de pastoral, religiosos e religiosas, entre os quais os acima mencionados Gera e Tello, sacerdotes diocesanos professores da Faculdade de teologia de Buenos Aires; os outros diocesanos eram Justino O'Farrell (que antes era da congregação Dom Orione), Gerardo Farrel (especialista em Doutrina Social da Igreja), o jesuíta Fernando Boasso (do Centro de pesquisa e Ação Social), e outros. Essa comissão constituiu o terreno no qual nasceu a Teologia do Povo, cuja marca foi percebida já na Declaração do Episcopado Argentino em San Miguel (1969), que aplicava ao país a Conferência de Medellín, especialmente no documento VI, sobre a pastoral popular. Ainda que a Coepal tenha deixado de existir nos inícios de 1973, alguns de seus membros continuaram a encontrar-se como grupo de reflexão teológica sob a direção do Padre Gera. Ele se ocupou como perito de Medellín e de Puebla; sua teologia foi mais oral do que escrita, mesmo que reunisse escritos importantes e muitas de suas intervenções foram gravadas e depois transcritas. Depois, eu mesmo participei dessas reuniões, junto com Gera, Farrel, Boasso, o atual vigário de Buenos Aires, Dom Joaquín Sucunza, Alberto Methol Ferré, que chegava do Uruguai e outros.[15]

A teologia do povo, uma versão tipicamente argentina da teologia pós--Medellín, que influenciou Bergoglio e outros jesuítas, apresenta categorias marcantes. Embora desejasse a justiça, deplorasse a opressão e a exploração e apoiasse os direitos dos trabalhadores, o documento inaugural – Declaração de São Miguel (1969) – repudiava o marxismo sendo contrário não só ao cristianismo, mas também ao espírito do povo. Segundo consta na obra de Massimo Borghesi – *Jorge Mario Bergoglio: Uma biografia intelectual* –, a teologia do povo não era certamente uma versão conservadora e pré--conciliar, mas igualmente não concebia o povo em termos sociológicos e marxistas como fazia a Teologia da Libertação. Afirma:

> A declaração de San Miguel considerava os indivíduos agentes ativos da própria história; surpreendentemente afirmava

---

[15] SCANNONE, 2015, p. 572.

que a atividade da Igreja deveria não só ser orientada para o povo, mas também e sobretudo nascer do povo. Enfim prefigurava uma Igreja com uma clara opção pelos pobres, mas entendida como total identificação com a aspiração das pessoas comuns de serem sujeitos da própria história, mais do que como adesão à luta social que os pobres, enquanto "classe", moviam contra outras classes.

A teologia do povo não constituía uma alternativa "conservadora" à teologia da libertação, mas uma teologia da libertação sem marxismo. Reconhecia a importância da fé popular, da oração, do diálogo com a cultura latino-americana nas suas expressões concretas[16]: "Tudo dentro da superação do horizonte ideal do marxismo marcado pelo primado da praxe e da (contra)violência revolucionária".[17]

Para tanto, dentro desse cenário em que se escrevia a opção preferencial feita pelos pobres pela própria Igreja latino-americana com a Conferência de Medellín, em 1968, a teologia do povo na Argentina avançava do pobre em direção da fé popular e da oração: "O coração do povo é a síntese vital das tensões da vida abraçada pelo Espírito, um lugar teológico."[18]

Logo, não compreender o lugar teológico, de onde emerge a natureza, a razão, a espiritualidade, o serviço e a alegria de Francisco faz com que ele seja acusado por seguimentos da sociedade e da Igreja de marxista. Porém o Papa Francisco, como um grande humanista, em uma clara opção evangélica pelos pobres e pelos mais vulneráveis, diz não se sentir ofendido quando lhe chamam de marxista. Ninguém na Igreja pode se sentir exonerado da solidariedade para com os pobres[19], mesmo se tachado de marxista, e a opção por eles não pode ser relativizada por nenhuma hermenêutica eclesial [20].

Juan Carlos Scannone, um dos pensadores e baluarte da Teologia do Povo, no artigo intitulado "Papa Francesco e la Teologia del Popolo"[21], publicado na revista *La Civilitá Cattolica*, escreve que a característica desse modo de fazer teologia está na inserção da Igreja no percurso histórico dos povos e na inculturação da fé.[22]

---

[16] Cf. BORGHESI, 2018, p. 68-71.
[17] BORGHESI, 2018, p. 71.
[18] BORGHESI, 2018, p. 73.
[19] Cf. FRANCISCO, 2013, p. 121; EG, 201.
[20] FRANCISCO, 2013, p. 117; EG, 194.
[21] Tradução do italiano: *O Papa Francisco e a Teologia do Povo*.
[22] Cf. SCANNONE, J. C. Papa Francesco e La Teologia del Popolo. *La Civiltà Cattolica*, 3.930, p. 572-573, 2015.

A categoria povo fiel se separa claramente tanto das ideologias populistas quanto do sistema marxista, baseado nas categorias "abstratas" de burguesia e proletariado.[23] O povo crente indica a modalidade histórica na qual a fé emerge à luz do concreto da vida, da realidade, e da cultura. Indica o como da encarnação[24]. Não se trata de sociologia acadêmica, mas do terreno histórico, vivido, que alimenta a fé da Igreja[25]. "É o lugar de uma hermenêutica dos símbolos"[26]. Nela inscreve-se a opção preferencial pelos pobres feita pela própria Igreja latino-americana com a Conferência de Medellín (1968) e o primado da graça do Espírito Santo sobre as obras, as regras e as ideologias. Tratava-se, em sua época, de um modo de reagir aos desvios sociológicos e praxistas que estavam produzindo conflitos na Igreja e no seio de uma sociedade dividida.[27]

Com isso, a teologia do povo fiel influenciou Bergoglio em sua formação acadêmica e pastoral, oportunizando a ascensão de uma seara oportuna à sabedoria popular. Sendo assim, a fé cristã do povo tornou-se um lugar teológico, lugar hermenêutico de uma fé vivida, em que a espiritualidade popular é cultura e nexo orgânico que une todos os aspectos da existência.

Segundo Scannone e Borghesi, entre a teologia da libertação e a teologia do povo há convergências e divergências. Porém seria um tanto quanto dissonante apresentar Jorge Mario Bergolgio como um teólogo da libertação, mais contraditório ainda seria enquadrá-lo como um marxista. A dialética bergogliana é uma provocação de translação do existencial ao social considerando as contradições e as escuridões onde há deterioração de vida, convivência e dignidade humana.

1.2 A filosofia da polaridade

A filosofia da polaridade e a síntese das oposições fazem parte do percurso de discernimento da Companhia de Jesus e dos exercícios inacianos. É onde emerge o conceito dialético de Bergoglio que, diversamente do hegeliano, não termina na síntese da razão, mas na de um princípio superior dado pelo "Deus sempre maior".[28] Três autores podem ser considerados

---

[23] *Cf.* BORGHESI, 2018, p. 72.
[24] BORGHESI, 2018, p. 72.
[25] *Cf.* BORGHESI, 2018, p. 72.
[26] BORGHESI, 2018, p. 72.
[27] *Cf.* BORGHESI, 2018, p. 65-74.
[28] *Cf.* BORGHESI, 2018, p. 79.

importantes da escola de que provém o pensamento de Bergoglio: Erich Przywara, Henri de Lubac, Gaston Fessard.[29]

No artigo "A ética social do Papa Francisco: o Evangelho da misericórdia segundo o espírito do discernimento", o teólogo jesuíta Juan Carlos Scannone afirma que, para se entender o *modus operandi* do pontífice, é preciso refletir sobre os exercícios de discernimento existencial, próprios dos inacianos, e sua translação do âmbito pessoal/existencial ao social.[30] Aquilo o que a Companhia de Jesus costuma identificar como síntese das oposições ou a filosofia da polaridade.[31]

A presença do pensamento dialético faz parte do espírito de discernimento da formação jesuíta. Trata-se de um percurso de afrontamento das realidades objetivas e dos desejos subjetivos. Ou seja, de refletir e discernir sobre os desígnios de Deus no concreto da história e a condução do homem à sua plenitude.[32] O discernimento existencial inaciano, em linhas gerais, chama-nos ao ânimo fundamental da existência: experimentar as consonâncias e dissonâncias, os encontros e desencontros de determinados propósitos ou ações reais.[33] Convoca-nos, assim, a sentir e praticar o que Cristo sente e realiza.[34] É, portanto, a oportunidade de experimentar o Absoluto e purificar o coração dos afetos desordenados que distorcem a visão e perturbam o juízo.[35] É, dessa forma, o momento oportuno para livrarmo-nos do "autoengano" e abrir-nos às consolações frutíferas, como: amor, alegria, paz e crescimento na fé[36]. É, por fim, quando coincidimos com o Absoluto e com nós mesmos que tocamos o contraditório e reordenamos a nossa vontade e razão para a Verdade e para o Verdadeiro.

Em Bergoglio, o conflito e o contraditório não são ignorados ou "mascarados", pelo contrário, são aceitos, suportados e superados. Essa é a característica da dialética bergogliana, que, diferentemente daquela de Hegel, jamais volta atrás, é "circular"/ pericorética.[37] Esse modelo dialético de reflexão defronta-se com a tensão e o conflito, porém sem ser tensão e

---

[29] *Cf.* BORGHESI, 2018, p. 87.
[30] *Cf.* SCANNONE, 2018, p. 12-16.
[31] *Cf.* BORGHESI, 2018, p. 71-84.
[32] *Cf.* SCANNONE, 2018, p. 11-12.
[33] *Cf.* SCANNONE, 2018, p. 12.
[34] *Cf.* SCANNONE, 2018, p. 12.
[35] *Cf.* SCANNONE, 2028, p. 13.
[36] *Cf.* SCANNONE 2018, p. 13.
[37] BORGHESI, 2018, p. 83.

sem ser conflito. Contudo, impõe-se diante das realidades conflitivas como um elo de comunhão e superação em vista de novas realidades. Escreve Borghesi: "Com isso manifesta-se seu rosto 'tomista' dado pela tensão, ineliminável, entre essência e existência, forma e matéria, ideal e sensível, alma e corpo".[38]

A dialética bergogliana que pressupõe a superação de conflitos e a construção de elos que ligam novos processos está em harmonia com a obra do filósofo italiano Antonio Maria Baggio, *Caino e i suoi fratelli*[39], que desenvolve o conceito de fraternidade e relações horizontais para a superação de situações de conflito e violência. Dialética que projeta como síntese um referimento de integração, concórdia e benevolência recíproca entre os homens.[40] Afirma Baggio: "Um paradigma que vivido entre os homens, tem o nome de fraternidade".[41]

Em Jorge Mario Bergoglio prevalece o conceito dialético que, diversamente do hegeliano, não termina na síntese da razão, mas não de um princípio superior dado pelo próprio Deus. Esclarece Massimo Borghesi: "A síntese representa sempre um encontro entre graça e natureza, Deus e homem, alteridade e liberdade".[42] Conclui:

> A descoberta dos anos de 1960, a da tensão dialética com a alma dos Exercícios de Inácio, assume agora todo o seu valor em relação ao esforço do cristão no mundo.[43] Uma transposição do existencial ao social que significa tecer laços de pertença e convivência, onde se derrubam os murros do individualismo e as barreiras do egoísmo, apontando para um estilo de vida de experiências comunitárias e de salvação comunitária.[44] Ninguém pode experimentar o valor de viver sem rostos concretos a quem amar.[45]

A filosofia da polaridade de Bergoglio consiste em uma dialética que não nega a tensão entre os opostos, ou seja, que não exclui os processos

---

[38] BORGHESI, 2018, p. 84.
[39] Tradução para o português: *Caim e seus irmãos*.
[40] *Cf.* BAGGIO, A. M. *Caino e i suoi Fratelli*: il fondamento relazionale nella politica e nel diritto. Roma: *Città Nuova*, 2012, p. 19-69.
[41] BAGGIO, 2012, p. 69.
[42] BORGHESI, 2018, p. 79.
[43] BORGHESI, 2018, p. 79.
[44] *Cf.* SCANNONE, 2018, p. 14-16.
[45] *Cf.* FRANCISCO, 2020, p. 45; FT, 87.

de distinção e de diferenciação, mas que supera as realidades conflituais e caminha para uma "diversidade reconciliada"[46].

1.3 Teoria da oposição polar

É importante reconhecermos que o pensamento de Bergoglio sofre grande influência do filósofo e teólogo Romano Guardini. Destaca-se a tese de doutorado não concluída por Jorge Bergoglio em 1986, na Alemanha, que tinha como objeto de estudo a teoria da oposição polar de Guardini. Outro ponto importante a observar é a seção sobre os critérios sociais, contidos na exortação apostólica *Evangelii Gaudium*, inspirados na tese sobre Romano Guardini[47]. Na encíclica *Laudato Si'*, Guardini é citado explicitamente.[48] Ele embasa a crítica ao paradigma tecnocrático.

Bergoglio explicitamente utiliza-se da teoria da oposição polar para abordar os principais contrastes *pessoais-sociais-políticos* que tendem a cristalizar-se em contradições dialéticas portadoras de perigosos conflitos. Ou seja, busca confrontar a oposição das realidades distintas como possibilidade para a construção de um novo concreto. Poder-se-ia dizer que reflete sobre a unidade "que nunca é uniformidade, mas multiforme harmonia que atrai"[49]. Em Bergoglio a diversidade, inclusive aquela cultural, nunca é uma ameaça para a unidade; pelo contrário, é a possibilidade de construção da comunhão e da harmonia. É nela que ele encontra sustento para um conteúdo transcultural ao defender o diálogo como forma de encontro e a busca de consensos e de acordos respeitando as diferenças entre um ponto e outro.[50]

Massimo Borghesi explicita que a oposição polar de Guardini consiste em afirmar que os dois polos contrários não se anulam. Um polo não destrói outro. A oposição se resolve em um plano superior. A tensão permanece, não se anula. Não é negando-os que se superam os limites. As oposições ajudam! A vida humana é estruturada de forma opositiva.[51] Preciosas são as potencialidades das polaridades em contrastes.[52]

---

[46] FRANCISCO, 2013, p. 132; EG, 230.
[47] O sistema das polaridades vivas teorizado por Guardini em seu volume de 1925. *"Der Gegensatz"*.
[48] *Cf. Cf.* BORGHESI, 2018, p. 114. FRANCISCO, 2015, p. 119; LS, 203.
[49] FRANCISCO, 2013, p. 75; EG, 117.
[50] *Cf.* FRANCISCO, 2013, p. 136; EG, 239.
[51] *Cf.* BORGHESI, 2018, p. 114.
[52] *Cf.* FRANCISCO, 2013, p. 132; EG, 228.

A esse ponto torna-nos nítida a lógica hermenêutica de Bergoglio à luz da filosofia da polaridade e da teoria da oposição: a translação das tensões e das oposições para um processo de reconciliação na diversidade. Tudo em perspectiva da unidade. Tendo em vista a centralidade e o valor supremo da pessoa humana em todas as fases de sua existência, incluindo a convivência social. Ou seja, em Bergoglio o confronto é entendido como síntese de uma tensão fecunda, isto é, como construção da unidade concreta. A oposição é oportunidade de crescimento.

2. A cultura do cuidado

A ética social de Jorge Mario Bergoglio e sua compreensão sobre o homem[53] e as relações sociais revelam valores de um autêntico humanismo integral. O pensamento de Bergoglio, epistemologicamente, insere-se dentro da filosofia personalista, de caráter humanístico, assim como as de Jacques Maritain, Emmanuel Mounier, Emmanuel Levinas e Edith Stein. Em consonância a esses pensadores está a proposta de Bergoglio em reconhecer o *outro*, de *curar as feridas*, de *construir pontes*, de *estreitar laços*, e de nos ajudarmos a carregar as cargas uns dos outros.[54]

Edelcio Ottaviani, doutor em filosofia pela Universidade de Louvain, afirma que os gestos de Bergoglio revelam uma antropologia encarnada capaz de "ver e contemplar as relações entre as pessoas e a coisas; entre pessoas e pessoas; e, sobretudo, entre os seres humanos e tudo os que o cerca, para perceber que o nosso futuro e o futuro das próximas gerações passam por nós".[55] Por isso, Bergoglio insiste na ética do cuidado, que deve transformar-se em uma cultura do cuidado: o cuidado da casa comum.

Para Bergoglio, a dimensão do cuidado é antes de tudo um dever ético. Um agir característico da experiência moral, intrínseco ao modo de ser. Afirma: "não interessa se o irmão ferido vem daqui ou dacolá"[56], "é preciso criar uma cultura que nos conduza a superar as inimizades e a cuidar uns dos outros"[57]. Fica-nos claro que o sentido de cuidado em Bergoglio é uma exigência moral, "a partir de homens e mulheres que assumem como

---

[53] O homem no sentido antropológico que se refere ao homem e à mulher.
[54] *Cf.* FRANCISCO, 2013, p. 48; EG, 67.
[55] OTTAVIANI, E. Apontamentos sobre o pontificado do Papa Francisco. *Vida Pastoral*, v. 58, n. 316, p. 16, 2017.
[56] FRANCISCO, 2020, p. 34; FT, 62.
[57] FRANCISCO, 2020, p. 32; FT, 57.

própria a fragilidade dos outros, não deixam constituir-se uma sociedade de exclusão, mas fazem-se próximos, levantam e reabilitam o caído, para que o bem seja comum"[58].

A dimensão do cuidado é manifestada na ética social de Bergoglio como uma opção preferencial à vista do ferido. Requer dedicar tempo, entrar no tempo do outro, cuidar, ou ainda procurar ajuda para quem precisa. O sentido da ética do cuidado só pode ser captado e definido com relação aos comportamentos, às práticas, aos atos: "acompanhar, cuidar, sustentar, de modo particular, os mais frágeis e vulneráveis das nossas sociedades desenvolvidas"[59]. É uma falha moral dar costas ao sofrimento.

A dimensão do cuidado aparece na sabedoria das narrações bíblica – o Evangelho da Criação. Em linguagem simbólica e narrativa o livro do Gênesis revela ensinamentos profundos sobre a existência humana e a sua realidade histórica, como aquela dada ao homem: "domina a terra" (Cf. Gn 1,28), "cultivar e guardar o jardim do mundo" (cf. Gn 2,15). É importante ler essas narrativas com uma justa hermenêutica, assim como faz Bergoglio:

> Enquanto *cultivar* quer dizer lavrar ou trabalhar um terreno, *guardar* significa proteger, cuidar, preservar, velar. Isto implica uma relação de reciprocidade responsável entre o ser humano e natureza. Cada comunidade pode tomar da bondade da terra aquilo que necessita para a sua sobrevivência, mas tem também o dever de proteger e garantir a continuidade de sua fertilidade para as gerações futuras.[60]

O dever de proteger e garantir a continuidade implica ao ser humano que, dotado de inteligência, respeite as leis da natureza e os delicados equilíbrios entre os seres deste mundo. Tudo está interligado: a relação com o sagrado, com o próximo e com a terra. A dimensão do cuidado é uma responsabilidade própria da identidade humana e inseparável da "natureza, da fraternidade, da justiça e da fidelidade ao outro"[61].

A ética social de Bergoglio fundamenta a dimensão ética do cuidado à custa da liberdade e da responsabilidade do ser humano, que é parte do mundo com o dever de cultivar as próprias capacidades para o proteger e desenvolver as suas potencialidades. É preciso recordar que a ética é um

---

[58] FRANCISCO, 2020, p. 36; FT, 67.
[59] FRANCISCO, 2020, p. 35; FT, 64.
[60] FRANCISCO, 2015 p. 46; LS, 67.
[61] FRANCISCO, 2015 p. 48; LS, 70.

fenômeno humano, portanto a ética do cuidado e da responsabilidade é um aspecto essencial que se manifesta tanto na existência de cada homem como na comunidade da qual participa.[62] O cuidado como um comportamento social é o princípio de toda ordem ético-social. É uma orientação em que as capacidades humanas de conhecimento, vontade, liberdade e responsabilidades são direcionadas para a superação da indiferença social, política e ambiental, em vista da realização da "fraternidade humana"[63].

Para que se possa alcançar uma cultura do cuidado capaz de rever a lógica do modelo atual de desenvolvimento e da cultura do descarte sobre a vida das pessoas é preciso reconhecer verdadeiros horizontes éticos de referência, incluindo a filosofia e a ética social. A relativização da ética e da existência de normas morais objetivas tende a um crescente relativismo moral e a uma indiferença relativista. Bergoglio é claro sobre a preocupação com o cuidado e com a conivência social, que não devem estar estritamente amarradas à funcionalidade de uma moral ético-social feita de ideais abstratos, mas nos revela uma característica essencial do ser humano, frequentemente esquecida: "fomos criados para a plenitude, que só se alcança no amor"[64].

Esse amor a qual se refere Bergoglio é o amor social. A chave para um desenvolvimento autêntico. Aquele que rompe com a consciência isolada e autorreferenciada torna-se a raiz que possibilita todo o cuidado dos outros e do meio ambiente.[65]

No humanismo de Jorge Mario Bergoglio fica-nos claro que sempre é possível desenvolver uma nova capacidade de sair de si mesmo rumo ao outro. Bergoglio sustenta a ideia de um constante movimento de *saída* e *encontro*. Movimento de desprendimento que faz brotar a reação moral de ter em conta o contato com realidades diferentes, polares, opostas, distintas, e que se possa provocar ações e decisões fora de si mesmo, como aquela de acolhimento público que rompe com a globalização da indiferença: 'já não choramos à vista do drama dos outros nem nos interessamos por cuidar deles, como se tudo fosse uma responsabilidade de outrem que não nos incumbe".[66]

---

[62] *Cf.* DA SILVA, 1995, p. 11.
[63] FRANCISCO, 2020, p. 37; FT, 69.
[64] FRANCISCO, 2020, p. 36; FT, 68.
[65] *Cf.* FRANCISCO, 2013, p. 121; EG, 208.
[66] FRANCISCO, 2013, p. 41; EG, 54.

O personalismo filosófico de Jorge Mario Bergoglio aponta para o rompimento da consciência isolada e individualista, causa da crise do compromisso comunitário, para uma mentalidade de integração, comprometimento e participação, envolvendo a totalidade das pessoas em uma sociedade que procura um bem comum que verdadeiramente incorpore a todos. Semelhante àquela que Antonio Maria Baggio define como "paradigma da fraternidade"[67].

2.1 Sociedade do cuidado

Partindo da ética social que desenvolve a ética do cuidado, Bergoglio, à luz da filosofia da polaridade e da teoria da oposição polar, apresenta-nos quatro sínteses para o desenvolvimento da convivência social e a construção de uma sociedade do cuidado: *o tempo é superior ao espaço, a unidade prevalece sobre o conflito, a realidade é mais importante que a ideia,* e *o todo é superior à parte.*

Essas sínteses correspondem à dialética bergogliana e iluminam um percurso de unidade no qual as diferenças se harmonizam dentro de um projeto comum. Vejamos:

Dizer que *o tempo é superior ao espaço* significa assumir que existe uma tensão polar entre a plenitude e o limite.[68] Esse princípio permite trabalhar em longo prazo aquilo que é idealizado, sem a obsessão pelos resultados imediatos que produzam ganhos fáceis, rápidos e efêmeros. Contudo, resultados que não constroem a plenitude humana. Trata-se mais de "iniciar processos do que possuir espaço".[69] Ou seja, de ter presente o horizonte da plenitude e de ações que frutificam. É muito mais um movimento de "esvaziamento" e escuta que de "enchimento e fala". Ajuda a suportar, com paciência, situações difíceis e hostis ou as mudanças de plano que o dinamismo da realidade impõe.[70] Afirmar que o tempo é superior ao espaço pressupões doar tempo, estar com o outro, oferecer proximidade, ocupar-se da realidade do outro, independentemente do espaço ocupado ou que se pretende ocupar (cargos, posições, situações). Essa síntese prioriza o tempo em relação ao espaço. Contraria o paradigma da produtividade, da vida ativa, do rentismo. Deixa-se tudo de lado à vista do ferido; daquele que

---

[67] BAGGIO, 2012, p. 69.
[68] *Cf.* FRANCISCO, 2013, p. 129; EG, 222.
[69] FRANCISCO, 2013, p. 130; EG, 223.
[70] *Cf.* FRANCISCO, 2013, p. 130; EG, 223.

necessita de cuidados. Cuidar requer tempo! Considera-se digno dedicar tempo quando se prega que no espaço não há mais tempo para o outro.

A unidade prevalece sobre o conflito revela o esforço para a superação das realidades fragmentadas, divididas e conflitivas. Segundo Bergoglio, o conflito não pode ser ignorado ou dissimulado; deve ser aceito e superado: "Quando paramos na conjuntura conflitual, perdemos o sentido da unidade profunda da realidade".[71] Quando a sociedade se articula e se alimenta do conflito, perde-se o sentido mais profundo da realidade: a paz social, o bem comum, o sentido de pertença à mesma natureza, o respeito, a solidariedade, o dever de cuidar uns dos outros. O conflito, quando ignora o sentido de desenvolver uma comunhão nas diferenças, favorece a separação, a segregação, o preconceito, a indiferença, a intolerância e, como consequência, a violência. A unidade é o resultado do esforço que ultrapassa a superfície conflitual e considera o outro – o diverso – na sua dignidade mais profunda.[72] Quando se perde de vista a convicção de que a unidade harmoniza todas as diversidades, corre-se o rico de substituir o cuidado social pelo conflito estrutural, substitui-se a superação das diferenças e a paz social pelo revanchismo e a vingança. Já não se vive mais para cuidar do outro, mas para desconstruir e eliminar o outro.

A síntese que afirma que *a realidade é mais importante que a ideia* é justamente a provocação para a translação do existencial para o social, ou do campo teórico e conceitual para o campo prático e funcional. É a intuição do próprio Bergoglio de que a ética do cuidado deve transformar-se em uma cultura do cuidado, uma moral vivida: "deve-se estabelecer um diálogo constante, evitando que ideia acabe por separar-se da realidade"[73]. Essa síntese provoca o compromisso com a realidade encarnada e com o concreto, o encontro com as realidades periféricas, que muitas vezes são esquecidas devido aos excessos de abstrações, teorias, procedimentos e burocracias. Segundo Bergoglio, quando a realidade é assumida à luz de uma proposta para um novo estilo de vida, essa será vista como "um distúrbio provocado por sonhadores românticos ou como um obstáculo a superar"[74]. Trata-se de abraçar a realidade e inserir-se em gestos concretos. Estar menos preocupado com fluxogramas e organogramas e mais atentos com a realidade e com o dinamismo que ela exige.

---

[71] FRANCISCO, 2013, p. 131; EG, 226.
[72] FRANCISCO, 2013, p. 131; EG, 228.
[73] FRANCISCO, 2013, p. 133; EG, 221.
[74] FRANCISCO, 2015 p. 38; LS, 54.

A ideia de que *o todo é superior à parte* revela que entre a globalização e a localização também se gera uma tensão.[75] Segundo Bergoglio, "o todo é mais do que a parte, sendo também mais do que a simples soma delas"[76]. Essa síntese afirma que não se deve viver demasiadamente obcecado por questões limitadas e particulares. É preciso alargar sempre o olhar para reconhecer um bem maior que trará benefícios a todos. Trata-se de considerar a totalidade das pessoas e de suas necessidades em uma sociedade que procura um bem comum que verdadeiramente incorpore todos.[77]

Considerar que o todo é superior à parte é superar a tensão do bairrismo, do clientelismo, das lógicas fechadas e endógenas que tendem à exclusão do outro ou do diferente. Afirma Bergoglio que uma sociedade do cuidado deixa de lado toda a diferença e, em presença do sofrimento, faz-nos próximos a quem quer que seja.[78] A provocação do cuidado não estabelece uma barreira alfandegária que exige saber se "o irmão ferido vem daqui ou dacolá"[79]. A nova lógica, segundo Bergoglio, deveria ser: "já não digo que tenho *próximos* a quem devo ajudar, mas que me sinto chamado a tornar-me eu um próximo dos outros"[80]. Reconhecer a primazia do todo em relação à parte é, de certa forma, romper com concepções e visões de mundo isoladas, mesquinhas e excludentes.

Essas quatro sínteses refletem um modelo de sociedade do cuidado que favorece o reconhecimento do outro. Uma abertura generosa que respeita a identidade cultural e busca harmonizar as mais diversas formas de diversidade. A sociedade do cuidado deve, em primeiro momento, superar a mentalidade individualista e o modelo do êxito e da produtividade exaustiva, em vista da exacerbação do lucro. Prestar atenção sobre as novas formas de pobreza e fragilidade. Cuidar das fragilidades! Permitir que os lentos, fracos ou menos dotados possam também singrar na vida.[81] Fazer da integração não um mecanismo de exploração e opressão, mas uma realidade nova: um novo fator de progresso. A sociedade do cuidado é aquela que faz da integração um precioso espaço de encontro, acolhimento público, e preocupação com os mais indigentes.

---

[75] FRANCISCO, 2013, p. 134; EG, 234.
[76] FRANCISCO, 2013, p. 134; EG, 235.
[77] *Cf.* FRANCISCO, 2013, p. 135; EG, 236.
[78] *Cf.* FRANCISCO, 2020, p. 42; FT, 81.
[79] FRANCISCO, 2020, p. 34; FT, 62.
[80] FRANCISCO, 2020, p. 42; FT, 81.
[81] *Cf.* FRANCISCO, 2013, p. 125; EG, 209.

3. Um novo pacto social e cultural

Jorge Mario Bergoglio, na exortação *Evangelii Gaudium*[82], documento repleto de elementos da filosofia da polaridade e da teoria da oposição polar, coaduna a cultura do cuidado a um pacto cultural e social.[83] Trata-se de um acordo que propõe com clareza os valores fundamentais da existência humana, para transmitir convicções que possam traduzir-se em ações políticas.[84]

Para compreender o sentido do "pacto social e cultural"[85] proposto por Bergoglio é preciso entrar no cerne dos documentos *Evangelii Gaudium*, *Laudato Si*[86] *e Fratelli Tutti*[87]. São nesses documentos que encontramos os elementos que dão forma ao pacto.

O pacto parte de um modelo de sociedade que tenha como identidade a cultura do cuidado. De modo mais particular, que se dedique a cuidar da fragilidade. Bergoglio cita as novas formas de pobreza e fragilidade a que somos chamados a reconhecer, socorrer e cuidar: "os sem abrigo, os toxicodependentes, os refugiados, os povos indígenas, os idosos cada vez mais sós e abandonados etc"[88]. Entre esses seres frágeis, que se requer cuidar com predileção, estão também os nascituros, os mais inocentes de todos. A cultura do cuidado e o pacto social cultural de Bergoglio afirmam com convicção que um ser humano é sempre sagrado e inviolável, em qualquer situação e em cada etapa do seu desenvolvimento[89]. Afirma Bergoglio: "Não é opção progressista pretender resolver os problemas, eliminando uma vida humana".[90] O pacto de Bergoglio parte do compromisso social e comunitário de cuidar das fragilidades, reagir contra a deterioração da qualidade de vida humana e degradação social. Aponta para outro estilo de vida.

Nesse horizonte, Jorge Mario Bergoglio reflete as catástrofes resultantes de crises sociais embaladas por um obcecado estilo de vida consumista

---

[82] Tradução para o português: *A alegria do Evangelho*.
[83] *Cf.* FRANCISCO, 2013, p. 136; EG, 239.
[84] *Cf.* FRANCISCO, 2013, p. 137; EG, 241.
[85] FRANCISCO, 2013, p. 136; EG, 239.
[86] Tradução para o português: *Louvado Sejas*.
[87] Tradução para o português: *Todos Irmãos*.
[88] FRANCISCO, 2013, p. 125; EG, 209.
[89] FRANCISCO, 2013, p. 126; EG, 213.
[90] FRANCISCO, 2013, p. 126; EG, 214.

e por uma economia "sem rosto"[91]: "aquela que mata"![92] Refere-se a uma forma de poder, muitas vezes anônima, que concebe o ser humano em si mesmo como um bem de consumo que se pode usar e depois jogar fora. É preciso ressaltar que Bergoglio refere-se a um modelo econômico que reduz o ser humano a uma única dimensão: o consumo.[93] Aquele em que "os interesses do mercado divinizado são transformados em regra absoluta"[94].

As categorias *saída, encontro, carne, rosto* e *outro* são recorrentes nas linhas do pensamento de Bergoglio, elas se inserem dentro do pacto social e cultural como as "linhas contratuais" que interligam os indivíduos entre si: as relações interpessoais. Algo muito próprio dos pensadores personalistas.

A cultura do cuidado, como base da convivência social, pactua os movimentos de saída e encontro em direção àquilo que Bergoglio define como sendo a Revolução da Ternura: "convida-nos abraçar o risco do encontro com o outro, com a sua presença física que interpela, com seus sofrimentos e suas reinvindicações, com a alegria contagiosa permanecendo lado a lado"[95].

O pacto cultural reque um compromisso de reconciliação, ou seja, de misericórdia: "reconciliação com a carne dos outros"[96], e com uma "diversidade reconciliada"[97]. Juan Carlos Scannone diz que a misericórdia é o fio condutor da ética social de Bergoglio, é por ela que tudo deve ser avaliado e validado. É o grande critério valorativo de sua ética: Agiu, ou não, com misericórdia?[98] A misericórdia é pactuada junto ao dever de cuidar das fragilidades para que as resistências interiores e exteriores possam ser superadas. Somente assim será possível vencer uma generalizada indiferença relativista que nos impede de reconhecer o outro, curar as feridas, construir pontes, e estreitar laços.[99] Em linguagem mística, escreve Bergoglio:

> Trata-se de aprender a descobrir Jesus no rosto dos outros, na sua voz, nas suas reinvindicações, e, aprender também a sofrer, em um abraço com Jesus crucificado, quando rece-

---

[91] FRANCISCO, 2013, p. 42; EG, 55.
[92] FRANCISCO, 2013, p. 41; EG, 53.
[93] FRANCISCO, 2013, p. 42; EG, 55.
[94] FRANCISCO, 2013, p. 43; EG, 56.
[95] FRANCISCO, 2013, p. 59; EG, 88.
[96] FRANCISCO, 2013, p. 59; EG, 88.
[97] FRANCISCO, 2013, p. 132; EG, 230.
[98] *Cf.* SCANNONE 2018, p. 3.
[99] *Cf.* FRANCISCO, 2013, p. 48; EG, 77.

bemos agressões injustas ou ingratidões, sem nos cansarmos jamais em optar pela fraternidade.[100]

Outro elemento que nos revela Bergoglio na proposta de um novo pacto social e cultural é o de optar pela fraternidade. Com base na citação anterior fica-nos evidente que há uma conexão entre a cultura do cuidado, o pacto de Bergoglio e o princípio de fraternidade. Essa conexão é devidamente explicitada na encíclica *Laudato Si'*, quando Bergoglio aborda a temática do amor civil e político: "o cuidado da natureza faz parte de um estilo de vida que implica capacidade de viver juntos e de comunhão"[101]. Aprofunda: "Assim podemos falar de uma fraternidade universal"[102].

A fraternidade para Jorge Mario Bergoglio é o "fundamento da vida social"[103], aquilo que na obra *Caino i suoi Fratelli* o filosofo italiano Antonio Maria Baggio define como o paradigma da vida social.[104] Inclusive, é importante ressaltar que o estudo do princípio de fraternidade, e sua contribuição às esferas política, econômica e social, vem irradiando uma nova escola de pensamento e influenciando diversos estudiosos, basta-nos citar as obras *O princípio esquecido, volumes* I e II, que reúne significativas reflexões sobre a fraternidade como uma categoria política. Um pensamento inovador que traz uma nova abordagem aos diversos campos dos saberes.

Na encíclica *Fratelli Tutti*, a fraternidade de Bergoglio, como fundamento da vida social, tem carne e rosto: torna-se um projeto de realização humana. A fraternidade não é entendida como o resultado apenas de condições nas quais se respeitam as liberdades individuais, tampouco a prática de certa equidade. Ela tem algo de positivo a fornecer à liberdade e à igualdade. Ela qualifica as utopias e pensamentos que se justificam pela liberdade e pela igualdade, corrigindo os individualismos, e as lógicas fechadas e massificantes.[105] Em última esfera, recuperar a amabilidade nas relações humanas, políticas, econômicas e sociais.

Segundo Bergoglio, para que se desenvolva uma verdadeira cultura do cuidado é preciso quebrar a lógica da violência, da exploração e de atitudes egoístas, fechadas e excludentes, que estão diretamente ligadas ao

---

[100] FRANCISCO, 2013, p. 61; EG, 91.
[101] FRANCISCO, 2015 p. 131; LS, 228.
[102] FRANCISCO, 2015 p. 131; LS, 228.
[103] FRANCISCO, 2015 p. 131; LS, 229.
[104] BAGGIO, 2012, p. 19-69.
[105] FRANCISCO, 2020, p. 52-531; FT, 103-104.

consumo exacerbado e ao jogo da competitividade da lei do mais forte, em que o poderoso engole o mais fraco.

Portanto, para que se possa ser celebrado um pacto cultural e social, que privilegie uma sociedade do cuidado, é necessário adotar um novo estilo de vida, "uma vigorosa mudança de atitudes"[106], mudança essa que rompa com o "individualismo reinante"[107] e assuma uma postura de sobriedade diante do sentido da existência e da convivência social.

Para Bergoglio, é possível necessitar de pouco e viver muito. Afirma: "A paz interior das pessoas tem muito a ver com o cuidado com a ecologia e com o bem comum, porque, autenticamente vivida, reflete-se num equilibrado estilo de vida aliado com a capacidade de admiração que leva à profundidade da vida"[108].

Não é fácil atingir essa profundidade da vida e sobriedade sadia! Portanto, para que qualquer pacto não desencadeie em "letra morta" é preciso um esforço de transformação das consciências em que se eduque para uma austeridade responsável, à grata contemplação do mundo, ao cuidado da fragilidade dos pobres e do meio ambiente.[109] Em síntese, um pacto que se origine e se sustente dentro de uma cultura com sólidos valores ético-sociais. Que alimente o compromisso pelo cuidado do mundo: "Uma moção interior que impele, motiva, encoraja e dá sentido à ação pessoal e comunitária".[110] A base de motivações profundas que iluminam um novo modo de pensar, sentir e viver, e que faça crescer um novo estilo de vida na solidariedade, na responsabilidade e no cuidado. Um paradigma em ordem fraterna, capaz de suscitar formas de desenvolvimento sustentável e equitativo no quadro de uma concepção mais ampla de qualidade de vida e convivência social. Nessa lógica, o índice de compromisso de cuidado de uma sociedade torna-se um indicador claro para medir uma real qualidade de vida. Aquela que desponta para o desenvolvimento integral e solidário.

---

[106] FRANCISCO, 2013, p. 43; EG, 58.
[107] FRANCISCO, 2013, p. 46; EG, 63.
[108] FRANCISCO, 2015, p. 129; LS, 225.
[109] *Cf.* FRANCISCO, 2015, p. 124; LS, 214.
[110] FRANCISCO, 2013, p. 47; EG, 261.

4. Conclusão

Jorge Mario Bergoglio é um filósofo e teólogo personalista que revela um sólido enquadramento filosófico e teológico em suas reflexões. Seu estatuto epistemológico aponta para uma ética social que guarda valores de autêntico humanismo civil. A influência da filosofia e da antropologia cristã que eleva o ser humano até o mistério que transcende a natureza e a inteligência humana, sem contrariar a luz da razão, procura sempre respeitar a centralidade e o valor supremo da pessoa humana em toda as fases da sua existência.

O humanismo de Bergoglio centra-se na proposta de unidade da família humana. Unidade que converge para a responsabilidade do cuidado de um para com outros.

Em Jorge Mario Bergoglio lê-se a passagem de uma ética do encontro e do cuidado, para a construção de uma sociedade do cuidado. Bergoglio filosofa a construção de um pacto social e cultural que promova uma Revolução da Ternura, ou seja, uma ordem social, em que a organização da convivência passe pelo compromisso com os mais frágeis e a adoção de um estilo de vida mais sobreo, vívido, livre e conscientemente.

No pacto pensado por Bergoglio está o imperativo de que a política e a economia, em diálogo, coloquem-se decididamente a serviço da vida, especialmente da vida humana. O cuidado e a promoção do bem comum da sociedade deve ser a base das convicções que se traduzam em ações políticas.

O pacto de Bergoglio substitui muros por pontes. Transforma consciências isoladas e comportamentos superficiais em consciência social e comportamentos mais comprometidos. Isso quer dizer, desperta uma autêntica estrutura social, como aquela do cuidado, que faz com que os indivíduos criem convicções e aceitem conscientemente os princípios e valores que apontam para uma nova ordem social: a fraternidade.

REFERÊNCIAS

BAGGIO, A. M. *O princípio esquecido*: a fraternidade na reflexão atual das ciências políticas. Vargem Grande Paulista: Cidade Nova, 2008.

BORGHESI, M. *Jorge Mario Bergoglio*: uma biografia intelectual. Petrópolis: Vozes, 2018.

BORGHESI, M. *Caino e i suoi fratelli*. Roma: Città Nuova, 2012.

SILVA, M. B. da. *Parâmetros de fundamentação moral*: ética teológica ou filosófica? Petrópolis: Vozes, 2005.

BORGHESI, M. *Rosto e alteridade*: pressupostos da ética comunitária. São Paulo: Paulus, 1995.

FRANCISCO. *Exortação Apostólica Evangelii Gaudium*: sobre o anúncio do Evangelho no mundo atual. São Paulo: Loyola; Paulus, 2013.

FRANCISCO. *Carta Encíclica Laudato Si'*: sobre o cuidado da casa comum. São Paulo: Loyola; Paulus, 2015.

FRANCISCO. *Carta Encíclica Fratelli Tutti*: sobre a fraternidade e a amizade social. São Paulo: Loyola; Paulus, 2020.

OTTAVIANI, E. Apontamentos sobre o pontificado do papa Francisco. *Vida Pastoral*, ano 58, n. 316, 2017.

SCANNONE, J. C. Papa Francesco *e* la Teologia del Popolo. *La Ciciltà Cattolica*, ano 165, n. 3930, 2014.

SCANNONE, J. C. A ética social do Papa Francisco: o Evangelho da misericórdia segundo o espírito de discernimento. *Cadernos Teologia Pública*, ano XV, v. 15, n. 135, 2018.

CAPÍTULO III

CUIDAR DAS FRAGILIDADES: A PROPOSTA ÉTICO-SOCIAL DO HUMANISMO DE JORGE MARIO BERGOGLIO[III]

Jorge Mario Bergoglio, à luz da base hermenêutica de seu pensamento, coerente com seu testemunho de vida, e sem a pretensão de dar respostas definitivas a todas as realidades hodiernas, situa seu discernimento ético-social na linha de um humanismo cristão que ensina a refletir criticamente sobre as realidades contemporâneas. Além disso, oferece um conteúdo transcultural para o desenvolvimento da convivência social e a construção de uma cultura do cuidado cujas diferenças se harmonizam dentro de um projeto comum que incorpore a todos.

Para Bergoglio, todo e qualquer projeto e Política que tenha a pretensão de apontar soluções para as estruturas sociais injustas deve, antes de tudo, partir da defesa da dignidade humana, dos direitos humanos e da consolidação dos direitos sociais. No humanismo de Bergoglio, concentra-se o valor supremo da pessoa humana em todas as fases de sua existência e, com ele, a preocupação com uma sociedade justa, capaz de memória e sem exclusões.

Em Bergoglio emerge *a ética do cuidado* e a promoção do bem comum: o imperativo moral de cuidar das fragilidades, fazendo da integração um novo fator de progresso. Assim, investe-se para que os lentos, fracos ou menos dotados possam também singrar na vida, despontando para a responsabilidade do reconhecimento do *outro*: o encontro com o rosto do *outro*, com a sua presença física que interpela, com seus sofrimentos e suas reivindicações, a sua alegria, permanecendo lado a lado.

No humanismo de Bergoglio está a proposta de um *pacto cultural* que faça surgir uma "diversidade reconciliada", que se revela no emprenho para desenvolver uma comunhão nas diferenças, capaz de ultrapassar a superfície conflitual e considerar os *outros*, os *diferentes*, na sua dignidade mais

---

[III] Artigo comunicado no Seminário de Direitos Humanos e Justiça Ambiental: múltiplos olhares, em 9, 10 e 11 de junho de 2021, na Faculdade Jesuíta de Filosofia e Teologia (Faje) de Minas Gerais.

profunda. Logo, suas perspectivas transmitem convicções ético-sociais que podem traduzir-se em ações políticas.

Introdução

O presente capítulo tem como objetivo abordar o humanismo ético-social de Jorge Mário Bergoglio à luz de seu conteúdo transcultural para o desenvolvimento da convivência social e de uma sociedade mais justa, capaz de memória e sem exclusões.

Bergoglio reflete os fundamentos de uma cultura do cuidado que tem como base a ética do cuidado e a promoção do bem comum: supõe a adoção de uma mentalidade que pense em termos de comunidade e cresça no espírito solidário e na responsabilidade do cuidado com os mais frágeis.

Cuidar das fragilidades é o centro das motivações do humanismo de Jorge Mario Bergoglio. O próprio autor elenca algumas fragilidades sociais na sociedade hodierna que requerem atenção: "os sem abrigo, os toxicodependentes, os refugiados, os povos indígenas, os idosos, entre outras" (FRANCISCO, EG, n. 210, 2013, p. 125). Bergoglio ressalta, ainda, as reivindicações sociais, que se relacionam com a distribuição das entradas, a descentralização das riquezas e a inclusão social dos pobres. Para o autor, a dignidade da pessoa humana e o bem comum estão acima da tranquilidade de alguns que não querem renunciar aos seus privilégios, por isso a rejeição da ética e a recusa de Deus, que, segundo ele, "é considerada contraproducente e demasiado humana, porque relativiza o dinheiro e o poder" (FRANCISCO, EG, n. 57, 2013, p. 43). A ética, para Bergoglio, revela a existência de normas morais objetivas, válidas para todos, que possibilita às pessoas refletirem e darem respostas "fora das categorias do mercado" (FRANCISCO, EG, n. 57, 2013, p. 43). A ética – em perspectiva de uma cultura do cuidado – é a garantia de uma reserva moral que ensine a pensar criticamente e ofereça um caminho de amadurecimento que guarda valores de um autêntico humanismo integral. Ainda em Francisco, afirma-se:

> O cuidado faz brotar a reação moral de ter em conta o impacto que possa provocar cada ação e decisão pessoal fora de si mesmo. Quando somos capazes de superar o individualismo, pode-se realmente desenvolver um estilo de vida alternativo e tornar-se possível uma mudança relativa na sociedade (FRANCISCO, LS, n. 208, 2015, p. 120).

Nesse horizonte, o humanismo de Bergoglio emerge para a responsabilidade do reconhecimento do outro: o encontro com o rosto do outro, com a sua presença física que interpela, com seus sofrimentos e suas reivindicações, e exige-nos uma resposta de acolhimento público, do qual "brota inevitavelmente a caridade efetiva para com o próximo, a compaixão que compreende, assiste e promove" (FRANCISCO, EG, n. 179, 2013, p. 109).

Nesse sentido, apresentaremos a proposta de uma ética comprometida com a promoção humana e com uma sociedade justa, capaz de memória e sem exclusões. Portanto, convicções transformadas em decisões práticas que permitam a todos tornarem-se artífices do seu destino. Para isso, sugere-se a adoção de uma ética que reivindique um equilíbrio e uma ordem social mais justa, denuncie algumas realidades que afetem a vida e a dignidade das pessoas e, por fim, proponha um pacto cultural que permita fazer da integração um novo fator de progresso.

1. O fundamento epistemológico do humanismo de Jorge Mario Bergoglio

Segundo o filósofo e teólogo argentino Juan Carlos Scannone (2018), a misericórdia é o fio condutor de toda ética social de Bergoglio. Ela fundamenta toda norma moral e abre caminhos para as transformações estruturais. Ou seja, oferece verdadeiros horizontes éticos de referência para a convivência social que se esvazia dos formalismos conceituais desligados da realidade para conceber uma ética que se situa diante dos grandes desafios da sociedade moderna e rompe com a consciência isolada e com a banalização da indiferença que nos anestesia diante do drama dos outros.

Para Massimo Borghesi (2018), o humanismo transcultural de Bergoglio constitui-se à luz de três fundamentos que se interligam: a teologia *del pueblo*, a filosofia da polaridade e a teoria da oposição polar. Vejamos cada um deles:

- Teologia *del Pueblo*: teologia predominante na Argentina, na década de 70, que tinha como objeto preferencial a fé e a religiosidade popular das pessoas. Sobre a teologia do povo, escreve o filósofo e teólogo argentino Juan Carlos Scannonne: "A teologia do povo caracterizava-se pelo inserimento da Igreja no percurso histórico dos povos" (SCANNONE, 2014, p. 573). Isso quer dizer uma fé a partir da cultura das pessoas e seus aspectos históricos e sociais.

A teologia *del pueblo* distinguia-se das concepções marxistas ou liberalistas, pois, perante as injustiças sociais e a violência institucionalizada, não se perdia diante do conflito, tornando-se também ela um sinal de conflito, embora buscasse a superação das realidades conflitantes e transformasse-as no elo de um novo processo. Massimo Borghesi (2018) entende a teologia *del Pueblo* portenha como um lugar teológico de uma fé vivida, em que a espiritualidade popular é cultura, nexo orgânico que liga, une todos os aspectos da existência. Portanto, a teologia *del Pueblo* é, em síntese, "a expressão a fé popular, da oração, do diálogo com a cultura latino-americana nas suas expressões mais concretas" (BORGHESI, 2018, p. 70-71).

- Filosofia da polaridade: é um percurso de discernimento da lógica existencial ao social. Muito presente nos exercícios espirituais inacianos, consiste em refletir sobre as inquietudes e os autoenganos transportando-os para experiências comunitárias e possíveis de superação. "Pois os afetos da fé (amor, alegria, paz, harmonia...) e seus contrários (ódio, tristeza, frustração, discórdia) são, de fato, vividos não só por cada um, mas também comunitária e coletivamente" (SCANNONE, 2018, p. 14). No cerne da filosofia da polaridade está uma dialética de realidades interiores e exteriores, que são provadas pela aceitação, pelo diálogo e por uma busca de uma síntese reconciliadora. Escreve Borghesi: "A síntese representa sempre um encontro entre graça e natureza, Deus e homem, alteridade e liberdade" (BORGHESI, 2018, p. 79). Em síntese, a filosofia da polaridade é o momento em que as realidades, ainda que opostas e em situação de tensão, são assumidas, provadas e ordenadas para um paradigma de superação e concórdia.

- Teoria da oposição polar: a teoria da oposição polar consiste em afirmar que oposição não significa contradição. Realidades podem ser opostas sem serem contraditórias. A oposição é uma característica da distinção, da particularidade e da singularidade da natureza. A contradição, por sua vez, é uma negação da própria natureza. Esclarece Borghesi (2018, p. 114): "Os opostos constituem a seiva do concreto vivo aquilo que torna móvel e dinâmica a sua unidade. A contradição, como aquela entre bem e mal, obriga, ao contrário, a uma decisão, a uma escolha: o mal não é contrapô-lo do bem, como quer a gnose; é sua negação". Na teoria da oposição polar está o esforço para uma comunhão nas diferenças, o que Bergoglio chama de "diversidade reconciliada" (FRANCISCO, EG, n. 230, 2013, p. 132).

Assim, a base hermenêutica do humanismo de Jorge Mario Bergoglio encontra sua fundamentação epistemológica à luz de um precioso espaço de encontro em que todos os cristãos, incluindo os pastores, são chamados a preocupar-se com a construção de um mundo melhor. É quando aflora um conteúdo transcultural em que a fé abrange a totalidade da vida de um povo. O ser humano está sempre culturalmente situado: "natureza e cultura encontram-se intimamente ligadas" (FRANCISCO, EG, n. 116, 2013, p. 740). Nesse sentido, a graça supõe a cultura, e o dom de Deus, para Bergoglio, encarna-se na cultura de quem o recebe. Portanto, a mensagem cristã guarda valores de um autêntico humanismo, como a solidariedade e a preocupação com os mais indigentes.

2. Processos de desumanização e os nãos de Bergoglio

A ética social de Jorge Mario Bergoglio, sua filosofia personalista, e a proposta de um autêntico humanismo cristão denunciam algumas realidades hodiernas que podem desencadear processos de desumanização e afetar a vida e a dignidade das pessoas, tais como: *não a uma economia da exclusão, não à idolatria do dinheiro, não a um dinheiro que governa em vez de servir,* e *não à desigualdade que gera violência.*

- Em o não a uma economia da exclusão, Bergoglio refere-se a uma "economia que mata" (FRANCISCO, EG, n. 53, 2013, p. 41). Ou seja, a rejeição a uma economia da exclusão e da desigualdade social. Segundo o autor, esse modelo econômico é aquele em que tudo entra no jogo da competitividade e da lei do mais forte, em que o poderoso engole o mais fraco. Nessa lógica, o ser humano é considerado em si mesmo um bem de consumo que se pode usar e depois jogar fora. Uma economia dita "sem rosto" (FRANCISCO, EG, n. 55, 2013, p. 42) e sem um objetivo verdadeiro humano. Nessa ótica, o ser humano é reduzido apenas a uma de suas necessidades: o consumo. Nessas concepção de economia, muitas vezes disfarçada em uma proposta de liberdade e de um crescimento econômico, favorecido pelo livre mercado, desenvolve-se um ideal egoísta e uma globalização da diferença, que são as bases de uma "cultura do descartável" (FRANCISCO, EG, n. 53, 2013, p. 41), em que as pessoas e as relações são exploradas e rapidamente transformadas em resíduos e sobras.

- O não à idolatria do dinheiro consiste em uma profunda crise antropológica em que a primazia do ser humano é substituída pelo fetichismo do dinheiro e pelos "interesses do mercado divinizado, transformado em regra absoluta" (FRANCISCO, EG, n. 56, 2013, p. 43). Quando essa realidade se apodera dos seres humanos e das relações sociais, prevalece a autonomia absoluta dos mercados e a especulação financeira. Nesse caso, a preocupação não é mais a realização humana e o acolhimento público, mas sim o acúmulo e o lucro.

- O não ao dinheiro que governa em vez de servir denuncia sistemas econômicos e políticos que, para manter seus lucros, oprimem e exploram as pessoas e o meio ambiente. Quando o dinheiro governa e não serve, a consequência é a degradação da qualidade de vida humana e social. Bergoglio recorda a desigualdade planetária entre os hemisférios Norte e Sul e que "a desigualdade não afeta apenas os indivíduos, mas países inteiros, e obriga a pensar uma ética das relações internacionais" (FRANCISCO, LS, n. 51, 2015, p. 35).

- O não à desigualdade social que gera violência denuncia "o mal cristalizados na nas estruturas sociais injustas" (FRANCISCO, EG, n. 59 2013, p. 44). Reflete as estruturas de uma sociedade em que "o sistema social é injusto na sua raiz" (FRANCISCO, EG, n. 59, 2013, p. 44). Isto é, a exacerbação do consumo, que, aliado à desigualdade social, gera uma violência que as corridas armamentistas não são capazes de resolver. Em realidades em que a desigualdade social é gritante, reclama-se maior segurança, educação de qualidade, acesso aos serviços públicos e o fim da corrupção, que se alastra nas estruturas de governo e no setor privado, seja qual for a ideologia política.

Essas são algumas das causas que podem levar a uma generalizada indiferença relativista em uma cultura dominante, cujo exterior, o imediato, o visível, o rápido, o superficial e o provisório, ocupa o primeiro lugar. Ou seja, uma sociedade programada por seus algoritmos para que "o real ceda lugar à aparência" (FRANCISCO, EG, n. 62, 2013, p. 45), uma fuga do ético para o estético. Em síntese, uma sociedade "eticamente debilitada" (FRANCISCO, EG, n. 62, 2013, p. 45), que tende a reduzir a fé e o compromisso social ao âmbito privado e íntimo, provocando um relativismo moral e uma desorientação generalizada, "especialmente na fase tão vulnerável às mudanças da adolescência e juventude" (FRANCISCO, EG, n. 64, 2013, p. 47).

Em reação a essa cultura do descartável e a de um modelo que anestesie as consciências e as transforme em seres domesticados e inofensivos, Jorge Mario Bergoglio oferece a proposta de um humanismo transcultural, que guarda valores de um autêntico humanismo cristão, que ensina a pensar criticamente e ofereça um caminho de amadurecimento em sólidos valores, como aquele de promover o desenvolvimento integral dos pobres com os gestos mais simples e diários de solidariedade e cuidado.

3. Cuidar das fragilidades: um imperativo ético

Sob o influxo da cultura globalizada e das promessas de integração, progresso e desenvolvimento, vê-se aflorar realidades preocupantes: insegurança, medo, violência, tráfico de drogas e de pessoas, abuso e exploração de menores, abandono de idosos e doentes, várias formas de corrupção e crime. Afirma Bergoglio sobre a vida em muitas cidades: "Ao mesmo tempo que poderia ser um espaço de encontro e solidariedade transforma-se muitas vezes num lugar de retraimento e desconfiança mútua. As casas e os bairros constroem-se mais para isolar e proteger do que para unir e integrar" (FRANCISCO, EG, n. 75, 2013, p. 52).

Do ponto de vista historiográfico, nunca a dignidade da vida humana, o medo e a violência foram tão evidenciados. Realidades como as emigrações forçadas, os conflitos e a degradação ambiental consternam toda a sociedade, acendendo alertas.

Assim, o individualismo pós-moderno e globalizado favorece um estilo de vida que debilita o desenvolvimento e a estabilidade dos vínculos entre as pessoas e distorce os vínculos familiares, como aquele do sentimento de pertença. Em alguns casos, escreve Bergoglio, "já não choramos à vista do drama dos outros e nem nos interessamos por cuidar deles" (FRANCISCO, EG, n. 54, 2013, p. 41). Vivemos como se tudo fosse uma responsabilidade de outrem, que não nos cabe. É, de fato, um anestesiar-se diante da proposta de conhecer o outro, de cuidar das feridas, de construir pontes, de estreitar laços e de nos ajudarmos "a carregar as cargas uns dos outros" (FRANCISCO, EG, n. 67, 2013, p. 48).

Diante de realidades que revelam um desencadear de processos de desumanização, Bergoglio oferece um discernimento ético-social na medida que reflete a dignidade da pessoa humana e invoca o ser humano à sua plena realização e à independência de qualquer escravidão. Escreve: "A ética – uma ética não ideologizada – permite criar um equilíbrio e uma ordem social mais humana" (FRANCISCO, EG, n. 57, 2013, p. 43). Portanto, a dimensão ético-social do humanismo de Bergoglio revela-nos um conteúdo transcultural, que, iluminado pelo desenvolvimento do pensamento cristão, permite-nos assumir também o rosto das diversas culturas e dos vários povos onde for acolhido. É verdadeiro que toda cultura e todo grupo social necessitam de purificação e amadurecimento, contudo a proposta do humanismo de Bergoglio consiste em desenvolver uma ética do cuidado e de um maior acolhimento público, promovendo a solidariedade, a fraternidade, o desejo de bem, de verdade e de justiça diante de algumas fragilidades que colocam em risco a dignidade humana e a sustentabilidade da vida planetária.

Na Carta Encíclica *Fratelli Tutti*, Jorge Mario Bergoglio (2020) recorda que a ética do cuidado não interessa, se o irmão ferido vem daqui ou de acolá. Com efeito, é o amor que rompe as cadeias que nos isolam e nos separam, lançando pontes. Portanto, a ética do cuidado nos retira do isolamento, da situação de inércia diante do sofrimento do outro, e nos obriga a compadecer-se e adotar uma postura de proatividade diante de quem se encontra em situação de vulnerabilidade. Segundo Bergoglio, diante do imperativo da ética do cuidado, algo que é próprio da natureza humana, ninguém pode "construir-se de costa para o sofrimento" (FRANCISCO, FT, n. 65, 2020, p. 35). A ética do cuidado consiste em cuidar e sustentar os mais frágeis e vulneráveis das nossas sociedades ditas desenvolvidas, mas que, ao mesmo tempo, são produtoras de um sistema em que muitas pessoas, mesmo nos chamados países ricos, são prisioneiras do medo e dos desesperos que se apoderam dos seus corações.

Segundo Bergoglio, na ética do cuidado, há duas opções diante do sofrimento: aqueles que cuidam do sofrimento e aqueles que passam ao largo (FRANCISCO, FT, n. 70, 2020, p. 37). A ética do cuidado abdica de ideais abstratos, de formalismos inócuos e de intelectualismos sem sabedoria; ao contrário, ela requer uma característica essencial do ser humano, frequentemente esquecida: "fomos criados para a plenitude, que só se alcança no amor" (FRANCISCO, FT, n. 68, 2020, p. 36). Portanto, conclui Bergoglio, viver indiferente à dor não é uma opção possível, não podemos deixar ninguém caído nas margens da vida (FRANCISCO, FT, n. 68, 2020, p. 36). A ética do cuidado, extraída do personalismo de Jorge Mario Bergoglio, é o estatuto epistemológico para o desenvolvimento de uma cultura do cuidado.

Isso posto, para definir o que é uma cultura do cuidado, à luz do humanismo de Jorge Mario Bergoglio, é preciso assumir o compromisso com o reconhecimento do outro: o risco do encontro com o rosto do outro. Para tanto, o outro, para Bergoglio, é inseparável do dom de si mesmo, da pertença à comunidade, do serviço, "da reconciliação com a carne do outro" (FRANCISCO, EG, n. 88, 2013, p. 59). Sendo assim, a necessidade de aprender com o rosto dos outros, na sua voz, nas suas reivindicações, nas suas alegrias e nos seus sofrimentos, "sem nos cansarmos jamais de optar pela fraternidade" (FRANCISCO, EG, n. 91, 2013, p. 61). Dessarte, a cultura do cuidado é, portanto, o reconhecimento de verdadeiros horizontes éticos de referência, em que a fraternidade universal é um estilo de vida que implica a capacidade de vivermos juntos, de comunhão e de cuidado, ou seja, fundamento da vida social.

Portanto, a ética do cuidado materializa-se em cuidar da fragilidade: "Investir para que os lentos, fracos ou menos dotados possam também singrar na vida" (FRANCISCO, EG, n. 209, 2013, p. 125). Em síntese, simboliza romper com a mentalidade individualista e egoísta que nos impede de agir em perspectiva de uma responsabilidade comum. Para isso, segundo Bergoglio, é preciso assumir uma nova mentalidade política e econômica que ajudaria a superar a dicotomia absoluta entre a economia e o bem comum social. É preciso assumir "a integração como um fator de progresso" (FRANCISCO, EG, n. 210, 2013, p. 125), e não como uma cadeia de interdependência, domínio e exploração, e, acima de tudo, a adoção de um estilo de vida mais sóbrio, sustentável e ecológico. Cuidar é também dar leveza ao consumo e ao meio ambiente.

Por fim, para a defesa dos direitos humanos e para a consolidação dos direitos sociais, não é opção progressista pretender resolver os problemas utilizando-se da lógica da cultura da morte, da exploração, e do relativismo, mas sim sob a égide de escolhas claras, feitas no gozo da reta razão, com consistentes embasamentos ético-filosóficos, para que não deixemos que, em nossa passagem, fiquem sinais de destruição e de morte que afetem a nossa vida e a das gerações futuras. Somos chamados a sermos uma sociedade do cuidado, a viver as convicções e práticas de solidariedade, que, quando se fazem carne, abrem caminho a outras transformações estruturais e tornam as máximas bergoglianas possíveis.

4. Conclusão

A ética do cuidado e o imperativo de cuidar das fragilidades, de modo particular dos mais vulneráveis, são o centro da filosofia personalista e do humanismo de Jorge Mario Bergoglio.

Para Bergoglio, uma ciência que pretenda oferecer soluções para os grandes problemas deveria, necessariamente, respaldar tudo o que o conhecimento gerou nas outras áreas do saber, incluindo a filosofia e a ética social (FRANCISCO, LS, n. 110, 2015, p. 71). Por isso, ao discernir sobre os grandes desafios da sociedade hodierna, principalmente a cultura do descarte e uma generalizada indiferença relativista que suscita menor acolhimento público e uma banalização da indiferença que nos torna incapazes de nos compadecer ao ouvir os clamores alheios, utiliza-se da ética-social para dar fundamentos sólidos e de caráter transcultural à exigência moral de "que somos chamados a cuidar dos mais frágeis da Terra" (FRANCISCO, EG, n. 209, 2013, p. 125).

No humanismo de Jorge Mario Bergoglio fica evidente a dimensão do cuidado, a responsabilidade de tocar a carne sofredora do outro, ou seja, de entrar na vida do outro de modo a ajudar a suportar e superar os sofrimentos. Tudo movido por um desejo inexaurível de oferecer misericórdia.

A misericórdia é o fio condutor da ética social de Bergoglio. Uma misericórdia compreendida no seu sentido mais amplo. Misericórdia que se desvincula do sentido de pena, mas exprime compaixão, pertença, solidariedade e superação: uma verdadeira revolução da ternura.

Nas linhas de seu personalismo, Bergoglio faz-nos reconhecer verdadeiros horizontes éticos de referência que nos impelem ao sentido do cuidado na dimensão social da vida. Destaca-se o compromisso com a realidade do outro e o empenho para uma vida comunitária, rompendo com o comodismo, o egoísmo e a distância, que anestesiam e alienam. Em adendo, surge um convite à adoção de um estilo de vida mais sóbrio e sustentável. Consoante ao supracitado, o cuidado é uma dimensão intrínseca à natureza humana e, por tal, é dessa mesma essência a raiz que possibilita todo o cuidado dos outros e do meio ambiente, fazendo brotar a reação moral de perceber o impacto que pode provocar cada ação e decisão pessoal fora de si mesmo. Finalmente, somos frutos do cuidado, somos seres chamados a cuidar.

REFERÊNCIAS

BORGHESI, M. *Jorge Mario Bergoglio*: uma biografia intelectual. Petrópolis: Vozes, 2018.

FRANCISCO. *Exortação Apostólica Evangelii Gaudium*: sobre o anúncio do Evangelho no mundo atual. São Paulo: Loyola; Paulus, 2013.

FRANCISCO. *Carta Encíclica Laudato Si'*: sobre o cuidado da casa comum. São Paulo: Loyola; Paulus, 2015.

FRANCISCO. *Carta Encíclica Fratelli Tutti*: sobre a fraternidade e a amizade social. São Paulo: Loyola; Paulus, 2020.

PIQUÉ, E. *Papa Francisco*: vida e revolução. São Paulo: LeYa, 2014.

SCANNONE, J. C. Papa Francesco e la Teologia del Popolo. *La Ciciltà Cattolica*, ano 165, n. 3930, 2014.

SCANNONE, J. C. A ética social do Papa Francisco: o Evangelho da misericórdia segundo o espírito de discernimento. *Cadernos Teologia Pública*, ano XV, v. 15, n. 135, 2018.

CAPÍTULO IV

A CONTRIBUIÇÃO DO PAPA FRANCISCO À DOUTRINA SOCIAL DA IGREJA: UM PERCURSO DE POSICIONAMENTOS SOCIOPOLÍTICO-ECONÔMICOS[112]

O Papa Francisco tem insistido, em seu pontificado, coerente com seu testemunho de vida, na prática de um modelo eclesiológico que lança a Igreja para fora de si mesma e supera a lógica de uma Igreja autorreferenciada. A Igreja em saída, base programática do pontificado de Francisco, é aquela que vai em direção ao mundo e às pessoas, particularmente aos mais fragilizados e vulneráveis. O conceito de Igreja em saída, explicitado na Exortação Apostólica *Evangelii Gaudium*, deu-nos o significado teológico, pastoral, espiritual e social do pontificado do Papa Francisco. As subsequentes Cartas Encíclicas, *Laudato Si'* e *Fratelli Tutti*, inserem-se no conjunto de Encíclicas Sociais do Magistério da Igreja Católica. O pontificado do Papa Francisco reafirma a preocupação da Igreja pelo social e impulsiona o compromisso sociopolítico-econômico do cristão no mundo, abrindo novos caminhos de reflexão – teológicos, filosóficos e pastorais – para a Doutrina Social da Igreja, tais como a cultura do cuidado, o imperativo da misericórdia, e a fraternidade universal.

Introdução

Neste artigo apresentaremos a base epistemológica do pensamento do Papa Francisco, contida na Exortação Apostólica *Evangelii Gaudium* e nas cartas Encíclicas *Laudato Si'* e *Fratelli Tutti,* cujas raízes remetem ao conjunto de verdades da Doutrina Social da Igreja.

Segundo o jesuíta Luiz González Quevedo, os principais documentos promulgados pelo Papa Francisco são expressões de um modelo de Igreja de rosto alegre, evangelizadora e misericordiosa, aberta às necessidades

---

[112] Artigo publicado na Revista Encontros Teológicos da Faculdade Católica Santa Catarina (Facasc), Florianópolis, em 12 de abril de 2021.

reais dos homens e das mulheres dos nossos dias.[113] Francisco vê a Igreja como um "hospital de campanha depois de uma batalha"[114], chamada a cuidar das feridas das pessoas e a derramar sobre elas óleo e vinho, sendo sinal de caridade e misericórdia no mundo. Essa é, também, por sua vez, a perspectiva de fundo que Bergoglio assume na Encíclica *Fratelli Tutti*, à luz da parábola bíblica do bom samaritano (Lc 10:25-37): cuidar das feridas.

Nesse sentido, a parábola nos mostra a opção fundamental que precisamos fazer para reconstruir nosso mundo ferido: "não podemos deixar ninguém caído nas margens da vida"[115]. Esse contexto, de conteúdo moral ético-social aponta-nos para as características essenciais do pensamento bergogliano: o sentido do encontro, da misericórdia e do cuidado. Pilares que são as linhas-mestras de seu pensamento social.

Assim, aprofundar as categorias filosóficas, teológicas e pastorais de Jorge Mario Bergoglio, em perspectiva de ética social e na conjuntura da Doutrina Social da Igreja, exige-nos deixar de lado toda a diferença e, em presença do sofrimento, fazer-nos próximos a quem quer que seja: "ao amor não interessa se o irmão ferido vem daqui ou dacolá" [116].

Ato contínuo, a responsabilidade com o zelo ao próximo e com toda a obra da criação foi enunciada na Carta Encíclica *Laudato Si'*, quando Bergoglio afirma que "as convicções da fé oferecem aos cristãos – também aos outros crentes – motivações altas para cuidar da natureza e dos irmãos mais frágeis"[117].

Cuidar das fragilidades, para tanto, é o imperativo ético do pensamento social do Papa Francisco. Na Exortação apostólica *Evangelii Gaudium*, essa preocupação aparece latente quando o Papa afirma que "somos chamados a cuidar dos mais frágeis da Terra"[118].

Na sociedade hodierna, muitas são as novas formas de pobreza e fragilidade: os sem abrigo, os toxicodependentes, os refugiados, os povos indígenas, os idosos, os migrantes, entre outros que se veem excluídos e

---

[113] *Cf.* QUEVEDO, L. G. Jorge Mario Bergoglio/Papa Francisco: um testemunho. *Vida Pastoral*, v. 58, n. 316, p. 8, 2017.
[114] SPADARO, A. *Entrevista exclusiva do Papa Francisco ao Pe. Antonio Spadaro, sj*. São Paulo: Paulus; Loyola, 2017.
[115] FRANCISCO. *Carta Encíclica Fratelli Tutti*: sobre a fraternidade e a amizade social. São Paulo: Paulus; Loyola, 2020; FT, 68.
[116] FRANCISCO, 2020, p. 36; FT, 62.
[117] FRANCISCO. *Carta Encíclica Laudato Si'*: sobre o cuidado da casa comum. São Paulo: Paulus; Loyola, 2015; LS, 64.
[118] FRANCISCO. *Exortação Apostólica Evangelii Gaudium*: sobre o anuncio do Evangelho no mundo atual. São Paulo: Paulus; Loyola, 2013; EG, 209.

marginalizados: sem trabalho e sem perspectivas.[119] "Os excluídos não são 'explorados', mas resíduos, 'sobras'".[120]

Em adendo, entre os seres em condições de fragilidade há, também, os nascituros. Recorda-nos Francisco de que não é opção progressista pretender resolver os problemas eliminando uma vida humana.[121] O ser humano é sempre sagrado e inviolável, em qualquer situação e em cada etapa do seu desenvolvimento.[122]

E é esse compromisso em cuidar dos mais frágeis que nos revela a cultura do cuidado, cultura essa que se impõe como um imperativo ético para o convívio social e um novo estilo de vida:

> Sempre é possível desenvolver uma nova capacidade de sair de si mesmo rumo ao outro. Essa capacidade não se reconhece às outras criaturas o seu valor, não se sente interesse em cuidar de algo para os outros, não se consegue impor limites para evitar o sofrimento ou a degradação do que nos rodeia. A atitude basilar de se autotranscender, rompendo com a consciência isolada e autorreferenciada, é a raiz que possibilita todo o cuidado dos outros e do meio ambiente; e faz brotar a reação moral de ter em conta o impacto que possa provocar cada ação e decisão pessoal fora de si mesmo.[123]

Em continuidade, o cuidado dos outros e do meio ambiente é, para Bergoglio, um dever moral – tal como fez o samaritano, dedicando seu tempo a cuidar de um homem ferido, estendido por terra no seu caminho; devemos nós também fazer. Romper com a mentalidade individualista e com a banalização da indiferença que nos impede de preocupar-nos com o drama dos outros é medida que se impõe. É preciso ocuparmo-nos com os feridos, cuidar deles, e com predileção aos mais frágeis e vulneráveis. Ainda, produzir maior equidade e inclusão social no mundo para que os considerados mais lentos, fracos ou menos dotados na sociedade possam, igualmente, singrar na vida.[124]

Para isso, segundo Bergoglio, será necessário romper com a indiferença social e política[125] – com a economia que mata.[126] Ademais, partir de

---

[119] *Cf.* FRANCISCO, 2013, p. 125; EG, 210.
[120] FRANCISCO, 2013, p. 41; EG, 53.
[121] FRANCISCO, 2020, p. 36; FT, 62.
[122] *Cf.* FRANCISCO, 2013, p. 126; EG, 213.
[123] FRANCISCO, 2015, p. 121; LS, 208.
[124] *Cf.* FRANCISCO, 2013, p. 122; EG, 209.
[125] *Cf.* FRANCISCO, 2020, p. 37; FT, 71.
[126] *Cf.* FRANCISCO, 2013, p. 41; EG, 53.

uma abertura à transcendência para que se forme uma nova mentalidade política e econômica que ajudaria a superar a dicotomia entre a economia e o bem comum social[127].

É, portanto, diante desse horizonte ético-social que se estabelece o objeto do presente artigo: a ética social do Papa Francisco, em consonância com os ensinamentos sociais da Igreja em perspectiva da plenitude humana e consecução do bem comum. Servir-nos-emos neste percurso das ciências naturais, recorrendo à teologia e à filosofia, em diálogo com as ciências sociais que a complementam, assim como sugerem as orientações para o estudo e ensino da Doutrina Social da Igreja, da Congregação para a Educação Católica.

Metodologicamente, o presente artigo abordará a base epistemológica do pensamento social do Papa Francisco, a influência da *teologia do povo* – predominante na Argentina na década de 70 – e do filósofo Romano Guardini, na formação intelectual e pastoral do Papa Francisco, bem como a inclusão dos pobres e os aspectos da natureza da Doutrina Social da Igreja que incidem sobre o seu pensamento.

Estabelece-se, pois, um percurso de amadurecimento sociopolítico-econômico que se origina à luz da mensagem evangélica e suas consequências éticas com os problemas que surgem na vida da sociedade.

1. Francisco de Roma

Muitos são os livros e artigos publicados, em diversas línguas, sobre o pontificado do Papa Francisco. Alguns biográficos, outros sobre seu trabalho pastoral quando bispo em Buenos Aires, na Argentina, e tantos outros, como uma série de coletâneas de seus discursos, posicionamentos, entrevistas e viagens, alicerçando um vasto material biográfico sobre a vida de Jorge Mario Bergoglio. Nessa perspectiva, há contribuições delineando desde a sua entrada para o noviciado da Companhia de Jesus, em 11 de março de 1958, até a conclusão de seus estudos em filosofia e teologia em 1971, no Colégio Máximo São José, na cidade de São Miguel, na província de Buenos Aires. Destaca-se a nomeação como mestre de noviços da Companhia de Jesus na Argentina, cargo que desempenhou de 1973 a 1979, num contexto político muito difícil durante a ditadura militar argentina. Em 1986 foi para a Alemanha estudar o pensamento do filósofo e teólogo

---

[127] *Cf.* FRANCISCO, 2013, p. 123; EG, 205.

Romano Guardini – tese de doutorado inconclusa. Retornando à Argentina, em 1990, foi destinado aos serviços pastorais, em Córdoba. Com perfil sereno e espírito pastoralista, foi nomeado bispo auxiliar de Buenos Aires, em 1992, e mais tarde, em 1998, bispo titular. O cardinalato veio em 2001 pelo Papa João Paulo II. A grande marca do episcopado de Bergoglio foi a sua presença nas periferias de Buenos Aires, como escreve Elisabetta Piqué:

> A Villa 1-11-14 do Bairro Bajo Flores é uma das tantas favelas que o arcebispo de Buenos Aires costumava percorrer. É um espaço onde há drogas, violência, miséria e também esperanças. Filas eternas de pessoas esperando: comida, roupa, assistência social e ajuda para tirar documentação de todos os tipos.[128]

De fato, Bergoglio é um homem de "saída", que anda ao encontro da periferia, seja ela urbana ou existencial. Na noite em que foi eleito papa, durante a sua primeira aparição em público, espontaneamente proferiu: "Os colegas cardeais foram buscar um papa quase bem perto do fim do mundo." Em verdade, não seria a Argentina o fim do mundo, mas um papa que viria da América Latina, do hemisfério Sul, da periferia do mundo. Um papa de saída.

Segundo Edelcio Ottaviani, muito se falou sobre o inusitado nome que o prelado argentino tomou para si: Francisco. Fala-se que Paulo VI (189-197) teria dito que dificilmente esse nome seria atribuído a um papa por causa dos protocolos e da riqueza cultural e arquitetônica que orbitam sobre um pontífice.[129] Esfacelando todos os paradigmas, Bergoglio assumiu essa contradição para operar a renovação da Igreja. Em concordância, Leonardo Boff, na obra *Francisco de Assis e Francisco de Roma: uma nova primavera na Igreja*, afirma que tanto Francisco de Assis quanto o Francisco de Roma têm, cada um a seu tempo, uma missão comum: a de restaurar a Igreja de Cristo.[130]

Edelcio Ottaviani, sobre a missão de Francisco, afirma:

> Francisco de Roma sabe que é Jesus, com seu modo de ser, o verdadeiro reformador das estruturas violentas e injustas, e o que um papa imbuído do espírito franciscano pode fazer é reformar a Cúria Romana, para que ela cumpra o seu

---

[128] PIQUÉ, E. *Papa Francisco*: vida e revolução. São Paulo: LeYa, 2014.
[129] *Cf.* OTTAVIANI, E. Apontamentos sobre o pontificado do Papa Francisco. *Vida Pastoral*, v. 58, n. 316, p. 12, 2017.
[130] BOFF, L. *Francisco de Assis e Francisco de Roma*: uma nova primavera na Igreja. Rio de Janeiro: Mar de ideias, 2014.

> papel de facilitadora, e não de complicadora, da mensagem salvífica de Cristo[131].

Logo, para Boff, Francisco não é apenas um nome. É um projeto de Igreja: pobre, simples, evangélica e destituída de todo aparato.[132]

Ao tomar como referência o fundador da Ordem dos Franciscanos, Bergoglio deu indícios de que se deixaria interpelar pela longa tradição dos profetas da caridade que se preocuparam com a justiça social e se fizeram próximos dos fracos, dos excluídos e dos discriminados[133]. Tudo com um modo de vida simples e despojado, assim como foi Francisco de Assis. O nome Francisco tornou-se gesto e linguagem do pontificado. Uma exigência no modo de ser e viver da Igreja. Na simplicidade e no cuidado com os mais frágeis, que nos levam a descobrir Jesus no rosto dos outros, na sua voz, nas suas reivindicações; e aprender a sofrer em um abraço com Jesus crucificado.[134]

2. Teologia do povo

Leituras precipitadas, e em medidas reducionistas, tendem a distorcer a compreensão do pensamento e da mensagem do Papa Francisco. Segundo Paulo Ferreira da Cunha, professor catedrático e diretor do Instituto Jurídico Interdisciplinar da Faculdade de Direito da Universidade do Porto, em Portugal, alguns extremistas nos Estados Unidos da América acusam o Papa Francisco de "marxista". Há setores mais radicais no interior da Igreja que o consideram um adepto e propagador da "perigosa" teologia da libertação. O próprio teólogo brasileiro, Leonardo Boff, em *Francisco de Assis e Francisco de Roma: uma nova primavera na Igreja*, na parte de seu livro intitulada *A teologia da libertação e a teologia do povo*, insiste em associar a teologia do povo, desenvolvida na Argentina nos anos 70, à teologia da libertação de Gustavo Gutiérrez, dando ao entender que ambas são a mesma coisa:

> O padre Bergoglio inscreveu-se sempre dentro desta "teologia do povo". Portanto, sem precisar usar a linguagem mais corrente "teologia da libertação", nunca se afastou de suas

---

[131] OTTAVIANI, 2017, p. 12-13.
[132] *Cf.* Boff, 2014, p. 51.
[133] *Cf.* OTTAVIANI, 2017, p. 13.
[134] *Cf.* FRANCISCO, 2013, p. 61; EG, 91.

instituições básicas e de seus propósitos fundamentais: fazer da fé uma alavanca de libertação dos oprimidos.[135]

Ainda em Boff, esse insiste que, mesmo que ainda o Papa Francisco não use a expressão "teologia da libertação", o importante é que ele fala e age na forma da libertação.[136] A tentativa exaustiva de Leonardo Boff em identificar Francisco com a teologia da libertação parece secundarizar as características próprias e a natureza da teologia do povo argentino: *o pueblo fiel*[137] como lugar teológico.

A gênese da teologia popular argentina, a qual influenciou Jorge Mario Bergoglio, é esclarecida por um de seus protagonistas, o jesuíta Juan Scannone, que foi, inclusive, professore de Bergoglio:

> Após seu retorno do Concílio Vaticano II, em 1966, o episcopado argentino criou a Coepal (Comissão Episcopal de Pastoral), com a finalidade de elaborar um plano nacional de pastoral. Era formado por bispos, teólogos, especialistas de pastoral, religiosos e religiosas, entre os quais os acima mencionados Gera e Tello, sacerdotes diocesanos professores da Faculdade de teologia de Buenos Aires; os outros diocesanos eram Justino O'Farrell (que antes era da congregação Dom Orione), Gerardo Farrel (especialista em Doutrina Social da Igreja), o jesuíta Fernando Boasso (do Centro de pesquisa e Ação Social), e outros. Essa comissão constituiu o terreno no qual nasceu a Teologia do Povo, cuja marca foi percebida já na Declaração do Episcopado Argentino em San Miguel (1969), que aplicava ao país a Conferência de Medellín, especialmente no documento VI, sobre a pastoral popular. Ainda que a Coepal tenha deixado de existir nos inícios de 1973, alguns de seus membros continuaram a encontrar-se como grupo de reflexão teológica sob a direção do Padre Gera. Ele se ocupou como perito de Medellín e de Puebla; sua teologia foi mais oral do que escrita, mesmo que reunisse escritos importantes e muitas de suas intervenções foram gravadas e depois transcritas. Depois, eu mesmo participei dessas reuniões, junto com Gera, Farrel, Boasso, o atual vigário de Buenos Aires, Dom Joaquín Sucunza, Alberto Methol Ferré, que chegava do Uruguai e outros.[138]

---

[135] BOFF, 2014, p. 90.
[136] *Cf.* BOFF, 2014, p. 89-90.
[137] Tradução: *o povo fiel*.
[138] SCANNONE, J. C. Papa Francesco e La Teologia del Popolo. *La Civiltà Cattolica*, n. 3.930, p. 572, 2015.

A teologia do povo, uma versão tipicamente argentina da teologia pós-Medellín, que influenciou Bergoglio e outros jesuítas, apresenta categorias marcantes. Embora desejasse a justiça, deplorasse a opressão e a exploração e apoiasse os direitos dos trabalhadores, o documento inaugural – *Declaração de São Miguel* (1969) – repudiava o marxismo contrário não só ao cristianismo, mas também ao espírito do povo. Segundo consta na obra de Massimo Borghesi – *Jorge Mario Bergoglio: uma biografia intelectual* –, a teologia do povo não era certamente uma versão conservadora e pré-conciliar, mas igualmente não concebia o povo em termos sociológicos e marxistas como fazia a teologia da libertação. Afirma:

> A declaração de San Miguel considerava os indivíduos agentes ativos da própria história; surpreendentemente afirmava que a atividade da Igreja deveria não só ser orientada para o povo, mas também e sobretudo nascer do povo. Enfim prefigurava uma Igreja com uma clara opção pelos pobres, mas entendida como total identificação com a aspiração das pessoas comuns de serem sujeitos da própria história, mais do que como adesão à luta social que os pobres, enquanto "classe", moviam contra outras classes.[139]

A teologia do povo não constituía uma alternativa "conservadora" à teologia da libertação, mas uma teologia da libertação sem marxismo. Reconhecia a importância da fé popular, da oração, do diálogo com a cultura latino-americana nas suas expressões concretas[140]: "Tudo dentro da superação do horizonte ideal do marxismo marcado pelo primado da praxe e da (contra)violência revolucionária".[141]

Para tanto, dentro desse cenário em que se escrevia a opção preferencial feita pelos pobres pela própria Igreja latino-americana com a Conferência de Medellín, em 1968, a teologia do povo na Argentina avançava do pobre em direção da fé popular e da oração: "O coração do povo é a síntese vital das tensões da vida abraçada pelo Espírito, um lugar teológico."[142]

Logo, não compreender o lugar teológico, de onde emerge a natureza, a razão, a espiritualidade, o serviço e a alegria de Francisco faz com que ele seja acusado por seguimentos da sociedade e da Igreja de marxista. Porém o Papa Francisco, em uma clara opção evangélica pelos pobres e pelos mais

---

[139] BORGHESI, M. *Jorge Mario Bergoglio*: uma biografia intelectual. Petrópolis: Vozes, 2018.
[140] *Cf.* BORGHESI, 2018, p. 68-71.
[141] BORGHESI, 2018, p. 71.
[142] BORGHESI, 2018, p. 73.

vulneráveis, diz não se sentir ofendido quando lhe chamam de marxista. "Ninguém na Igreja pode se sentir exonerado da solidariedade para com os pobres[143], mesmo se tachado de marxista, e a opção por eles não pode ser relativizada por nenhuma hermenêutica eclesial"[144].

3. A base hermenêutica do pensamento do Papa Francisco

A base hermenêutica do pensamento de Jorge Mário Bergoglio tem como síntese a tríade: o discernimento inaciano, a teologia do povo fiel, e a influência do pensamento de Romano Guardini. Vejamos cada uma segundo a sua contribuição.

3.1 O discernimento inaciano

No artigo "A ética social do Papa Francisco: o Evangelho da misericórdia segundo o espírito do discernimento", o teólogo jesuíta Juan Carlos Scannone afirma que, para se entender o *modus operandi* do pontífice, é preciso refletir sobre os exercícios de discernimento existencial, próprios dos inacianos, e sua translação do âmbito pessoal/existencial ao social.[145] Aquilo que a Companhia de Jesus costuma identificar como *síntese das oposições* ou *filosofia da polaridade*[146].

A presença do pensamento dialético faz parte do espírito de discernimento da formação jesuíta. Trata-se de um percurso de afrontamento das realidades objetivas e dos desejos subjetivos. Ou seja, de refletir e discernir sobre os desígnios de Deus no concreto da história e a condução do homem à sua plenitude[147]. O discernimento existencial inaciano, em linhas gerais, chama-nos ao ânimo fundamental da existência: experimentar as consonâncias e dissonâncias, os encontros e desencontros de determinados propósitos ou ações reais[148]. Convoca-nos, assim, a sentir e praticar o que Cristo sente e realiza.[149] É, portanto, a oportunidade de experimentar o Absoluto e purificar o coração dos afetos desordenados que distorcem

---

[143] *Cf.* FRANCISCO, 2013, p. 121; EG, 201.
[144] *Cf.* FRANCISCO, 2013, p. 117; EG, 194.
[145] *Cf.* SCANNONE, J. C. A ética social do Papa Francisco: o Evangelho da misericórdia segundo o espírito do discernimento. *Cadernos Teologia Pública*, ano XV, n. 135, p. 12-16, 2018.
[146] *Cf.* BORGHESI, 2018, p. 71-84.
[147] *Cf.* SCANNONE, 2018, p. 11-12.
[148] *Cf.* SCANNONE, 2018, p. 12.
[149] *Cf.* SCANNONE, 2018, p. 12.

a visão e perturbam o juízo[150]. É, dessa forma, o momento oportuno para livrarmo-nos do "autoengano" e abrir-nos às consolações frutíferas, como: amor, alegria, paz e crescimento na fé[151]. É, por fim, quando coincidimos com o Absoluto e com nós mesmos, que tocamos o contraditório e reordenamos a nossa vontade e razão para a Verdade e para o Verdadeiro.

Em Bergoglio, o conflito e o contraditório não são ignorados ou "mascarados"; pelo contrário, são aceitos, suportados e superados. Essa é a característica da dialética bergogliana, que, diferentemente daquela de Hegel, jamais volta atrás, é "circular"/ pericorética[152]. Esse modelo dialético de reflexão defronta-se com a tensão e o conflito, porém sem ser tensão e sem ser conflito. Contudo, impõe-se diante das realidades conflitivas como um elo de comunhão e superação em vista de novas realidades. Escreve Borghesi: "Com isso manifesta-se seu rosto 'tomista' dado pela tensão, ineliminável, entre essência e existência, forma e matéria, ideal e sensível, alma e corpo"[153].

Em Jorge Mario Bergoglio prevalece o conceito dialético que, diversamente do hegeliano, não termina na síntese da razão, mas na de um princípio superior dado pelo próprio Deus. Esclarece Massimo Borghesi: "A síntese representa sempre um encontro entre graça e natureza, Deus e homem, alteridade e liberdade".[154] Conclui:

> A descoberta dos anos de 1960, a da tensão dialética com a alma dos Exercícios de Inácio, assume agora todo o seu valor em relação ao esforço do cristão no mundo.[155] Uma transposição do existencial ao social que significa tecer laços de pertença e convivência, onde se derrubam os murros do individualismo e as barreiras do egoísmo, apontando para um estilo de vida de experiências comunitárias e de salvação comunitária.[156] Ninguém pode experimentar o valor de viver sem rostos concretos a quem amar.[157]

---

[150] *Cf.* SCANNONE, 2028, p. 13.
[151] *Cf.* SCANNONE2018, p. 13.
[152] BORGHESI, 2018, p. 83.
[153] BORGHESI, 2018, p. 84.
[154] BORGHESI, 2018, p. 79.
[155] BORGHESI, 2018, p. 79.
[156] *Cf.* SCANNONE, 2018, p. 14-16.
[157] *Cf.* FRANCISCO, 20202, p. 45; FT, 87.

3.2 Teologia do povo fiel

Experimentar rostos concretos – a realidade do povo – e criar vínculos comunitários que ampliam a existência humana e arrancam as pessoas de si mesmas para o outro é uma síntese referencial da teologia do povo.

Além disso, Bergoglio insiste em estabelecer laços com o *santo pueblo fiel de Dios*[158] e enraizar-se na realidade do povo. Assim o fez quando foi formador na Companhia de Jesus e bispo auxiliar e titular em Buenos Aires.

Juan Carlos Scannone, um dos pensadores e baluarte da teologia do povo, também professor de Jorge Mário Bergoglio, no artigo intitulado "Papa Francesco e la Teologia del Popolo"[159], publicado na revista *La Civilitá Cattolica*, escreve que a característica desse modo de fazer teologia está na inserção da Igreja no percurso histórico dos povos e na enculturação da fé.[160]

A categoria povo fiel se separa claramente tanto das ideologias populistas quanto do sistema marxista, baseado nas categorias "abstratas" de burguesia e proletariado.[161] O povo crente indica a modalidade histórica na qual a fé emerge à luz do concreto da vida, da realidade, e da cultura. Indica o *como* da encarnação[162]. Não se trata de sociologia acadêmica, mas do terreno histórico, vivido, que alimenta a fé da Igreja[163]. "É o lugar de uma hermenêutica dos símbolos"[164]. Nela se inscreve a opção preferencial pelos pobres feita pela própria Igreja latino-americana com a Conferência de Medellín (1968) e o primado da graça do Espírito Santo sobre as obras, as regras e as ideologias. Tratava-se, em sua época, de um modo de reagir aos desvios sociológicos e praxistas que estavam produzindo conflitos na Igreja e no seio de uma sociedade dividida[165].

Em adendo, a teologia do povo fiel influenciou Bergoglio em sua formação acadêmica e pastoral, oportunizando a ascensão de uma seara oportuna à sabedoria popular. Sendo assim, a fé cristã do povo tornou-se um lugar teológico, lugar hermenêutico de uma fé vivida, em que a espi-

---

[158] Tradução do espanhol: *santo povo fiel de Deus*.
[159] Tradução do italiano: *O Papa Francisco e a Teologia do Povo*.
[160] *Cf.* SCANNONE, 2015, p. 572-573.
[161] *Cf.* BORGHESI, 2018, p. 72.
[162] BORGHESI, 2018, p. 72.
[163] *Cf.* BORGHESI, 2018, p. 72.
[164] BORGHESI, 2018, p. 72.
[165] *Cf.* BORGHESI, 2018, p. 65-74.

ritualidade popular é cultura e nexo orgânico que une todos os aspectos da existência.

A teologia do povo reagia à hegemonia de Hegel e do hegelianismo típico dos estudos filosóficos dos anos 70, e opunha-se à confusão entre teologia e filosofia, natural e sobrenatural, que, segundo Boreghesi, terminava logicamente no marxismo[166].

Segundo Scannone e Borghesi, entre a teologia da libertação e a teologia do povo há convergências e divergências. Porém seria um tanto quanto dissonante apresentar Jorge Mario Bergolgio como um teólogo da libertação, mais contraditório ainda seria enquadrá-lo como um marxista. A dialética bergogliana é uma provocação de translação do existencial ao social considerando as contradições e as escuridões onde há deterioração de vida, convivência e dignidade humana.

3.3 A influência de Romano Guardini

A tese de doutorado não concluída na Alemanha em 1986 e a influência do filósofo e teólogo Romano Guardini são importantes para a compreensão do desenvolvimento do pensamento de Bergoglio. Sabe-se que a seção sobre os critérios sociais, contidos na exortação apostólica *Evangelii Gaudium*, é tirada da tese sobre Romano Guardini[167]. Na encíclica *Laudato Si'*, Romano Guardini é citado explicitamente.[168] Ele embasa a crítica ao paradigma tecnocrático.

Bergoglio utiliza-se da teoria da oposição polar, com seu sistema de concreto vivo, para abraçar os principais contrastes pessoais-sociais-políticos que tendem a cristalizar-se em contradições dialéticas portadoras de perigosos conflitos.

Massimo Borghesi, em *Jorge Mario Bergoglio: uma biografia intelectual*, explicita que a oposição polar de Guardini consiste em afirmar que os dois polos contrários não se anulam. Um polo não destrói o outro. A oposição se resolve em um plano superior. A tensão permanece, não se anula. Não é negando-os que se superam os limites. As oposições ajudam. A vida humana é estruturada de forma opositiva.[169]

---

[166] *Cf.* BORGHESI, 2018, p. 65-67.
[167] O sistema das polaridades vivas teorizado por Guardini em seu volume de 1925. "Der Gegensatz".
[168] *Cf.* FRANCISCO, 2015, p. 119; LS, 203.
[169] *Cf.* BORGHESI, 2018, p. 114.

A esse ponto torna-nos nítida a lógica hermenêutica de Bergoglio à luz da filosofia da polaridade e a teoria da oposição: a translação das tensões e das oposições para a conciliação na diversidade, em perspectiva da unidade. Ou seja, o confronto como síntese de uma tensão fecunda, isto é, como construção da unidade concreta.

4. O pensamento sociopolítico-econômico de Bergoglio

O pensamento sociopolítico-econômico de Jorge Mario Bergoglio consiste em quatro eixos, e, conforme mencionado, recebe a influência da teoria dos opostos e do confronto de Romano Guardini. São eles: *(1º) o tempo é superior ao espaço, (2º) a unidade prevalece sobre o conflito, (3º) a realidade é mais importante que a ideia,* e *(4º) o todo é superior à parte.*

Dizer que *o tempo é superior ao espaço* significa afirmar que o tempo ordena o espaço. Com isso, dar prioridade ao tempo é ocupar-se mais com iniciar processos que possuir espaço[170]. Consiste em privilegiar as ações que geram novos dinamismos na sociedade e ao mesmo tempo despojar-se de resultados imediatos que produzem ganhos políticos fáceis e efêmeros[171]. Esse eixo é um exercício que exige ter presente um horizonte antropológico que considere a primazia do ser humano e a plenitude da existência humana nas relações sociais. Consiste em superar o ativismo, as idolatrias, a cultura do imediatismo e do descarte em perspectiva de uma nova ordem social.

Em continuidade, afirmar que *a unidade prevalece sobre o conflito* requer o empenho para a construção de um pacto cultural que faça surgir uma "diversidade reconciliada"[172]. A unidade é, portanto, comunhão na diferença[173]. Os conflitos que emergem da diversidade, da oposição no modo de *ser*, não podem ser negados, são próprios da identidade no modo diverso de *ser*. Porém, na perspectiva antropológica de considerar os outros na sua dignidade mais profunda, é necessário aceitar o conflito, suportá-lo e transformá-lo em elo de um novo processo, convertendo realidades fragmentadas em corpos reconciliados[174]. Esse eixo requer solidariedade, inclusão e participação. É a convicção de que a unidade do Espírito har-

---

[170] *Cf.* FRANCISCO, 2013, p. 130; EG, 223.
[171] *Cf.* FRANCISCO, 2013, p. 130; EG, 224.
[172] *Cf.* FRANCISCO, 2013, p. 132; EG, 230.
[173] *Cf.* FRANCISCO, 2013, p. 131; EG, 228.
[174] *Cf.* FRANCISCO, 2013, p. 131; EG, 227.

moniza todas as diversidades e supera qualquer conflito em uma nova e promissora síntese[175]. Eis a dialética bergogliana.

Assim posto, afirmar que *a realidade é mais importante que a ideia* significa dizer que a realidade não pode ser ocultada, e que a ideia, desligada da realidade, pode dar origem a idealismos e nominalismos ineficazes, por exemplo, fundamentalismos anti-históricos e intelectualismo sem sabedoria.[176] Quando a ideia acaba por separar-se da realidade, a política e a fé tornam-se retóricas[177]. É o risco de movimentos e filosofias que se caracterizam pela sua penetração sutil preenchida de individualismo e subjetivismo, que suscitam menor acolhimento público.

A ideia de que *o todo é superior à parte* invoca o sentido de que não se pode viver demasiadamente obcecados por questões limitadas e particulares.[178] É preciso alargar sempre o olhar para reconhecer um bem maior [179] e, com isso, compreender a totalidade das pessoas em uma sociedade que procura o bem comum e verdadeiramente incorpore todos.[180] Significa apostar, por fim, num projeto de sociedade comum que vai além dos desejos pessoais.

Da teoria da oposição polar à dialética bergogliana resultam alguns pressupostos sociopolítico-econômicos, contidos na exortação *Evangelii Gaudium*, traduzidos em NÃO para algumas realidades hodiernas. São eles: *NÃO a uma economia da exclusão*[181], *NÃO à idolatria do dinheiro*[182], *NÃO ao dinheiro que governa em vez de servir*[183], e *NÃO à desigualdade que gera violência*[184].

É sobre esse terreno fértil que se desenvolve a Doutrina Social da Igreja no pensamento e no pontificado do Papa Francisco.

---

[175] Cf. FRANCISCO, 2013, p. 132; EG, 230.
[176] Cf. FRANCISCO, 2013, p. 133; EG, 232.
[177] Cf. FRANCISCO, 2013, p. 133; EG, 232.
[178] Cf. FRANCISCO, 2013, p. 134; EG, 235.
[179] Cf. FRANCISCO, 2013, p. 133; EG, 235.
[180] Cf. FRANCISCO, 2013, p. 135; EG, 236.
[181] Cf. FRANCISCO, 2013, p. 41-42; EG, 53-54.
[182] Cf. FRANCISCO, 2013, p. 42-43; EG, 55-56.
[183] Cf. FRANCISCO, 2013, p. 43; EG, 57-58.
[184] Cf. FRANCISCO, 2013, p. 44-45; EG, 59-60.

5. Papa Francisco e a Doutrina Social da Igreja

A exortação apostólica *Evangelii Gaudium* é o terreno fértil que nos prepara para as duas grandes encíclicas sociais do Papa Francisco: *Laudato Si'* e *Fratelli Tutti*. Duas encíclicas que se incorporam ao conjunto do Ensino Social da Igreja.

O Papa Paulo VI, na encíclica *Populorum Progressio*, afirmou que a Igreja é perita em humanidade[185]. Ela tem algo a dizer no campo econômico, político, social e ambiental, a partir da sua história e experiência. Oferece um conjunto de princípios de reflexão, critérios de julgamento e diretrizes de ação no campo das questões políticas e socioeconômicas.[186] E, com isso, constitui um corpo próprio de conhecimento, superando visões ideológicas entre o capitalismo liberalista e o coletivismo marxista, com suas raízes na ética filosófica e na teologia moral.[187]

O Papa Francisco, ao refletir sobre as realidades hodiernas, deixa-nos claro que não seria de grande proveito um olhar puramente sociológico, com a pretensão metodológica de abraçar toda a realidade de maneira supostamente neutra.[188] O líder da Igreja Católica insiste no encontro da mensagem evangélica e suas exigências éticas com os problemas que surgem na vida em sociedade. O seu pensamento, revestido de um caráter eminentemente teológico e filosófico, leva consigo não só uma *ortodoxia*, mas também uma *ortopráxis* – por isso é sempre fiel à tradição e comunga perfeitamente com o magistério.

Nessa seara reflexiva, ao ruminar sobre os problemas que afetam a vida e a dignidade do povo de Deus, Francisco o faz a partir de uma perspectiva evangélica e pastoral. Afirma:

> Os Pastores, acolhendo as contribuições das diversas ciências, têm o direito de exprimir opiniões sobre tudo o que diz respeito à vida das pessoas, dado que a tarefa da evangelização implica e exige uma promoção integral de cada ser humano. Já não se pode afirmar que a religião deve limitar-se ao âmbito privado e serve apenas para preparar almas para o céu.[189]

---

[185] PAULO VI. *Carta Encíclica Populorum Progressio*: sobre o progresso dos povos. Paulus: São Paulo, 1967; PP, 70.
[186] PAULO VI, *Carta Encíclica Octagesima Adveniens*: aproximando-se do octogésimo ano. Paulus: São Paulo, 1971; OA, 4.
[187] JOÃO PAULO II. *Carta Encíclica Solicitude Rei Sociali*: sobre as solicitudes sociais. Paulus: São Paulo, 1987; SRS, 41.
[188] *Cf.* FRANCISCO, 2013, p.39; EG, 50.
[189] FRANCISCO, 2013, p. 111; EG, 182.

Essa afirmação é típica do pensamento de Bergoglio e revela a preocupação com o processo de secularização que tende a reduzir a fé e a missão da Igreja ao âmbito privado e íntimo, e, consequentemente, a um esfriamento de uma educação que ensine a pensar criticamente e ofereça um caminho de amadurecimento nos valores considerados objetivos para a existência humana.[190]

Bergoglio, ainda, insiste que todos os cristãos, incluindo os pastores, são chamados a preocupar-se com a construção de um mundo melhor. Segundo o Papa, ninguém deve ficar à margem na luta pela justiça. Trata-se, aqui, de definir as bases da passagem do campo doutrinal para o prático-pastoral: uma ação transformadora e um sinal de esperança que brota do coração amoroso de Jesus Cristo.[191]

Fica-nos claro que o pensamento social e a reflexão doutrinal do Papa Francisco emana do coração de Jesus Cristo; é, portanto, uma reflexão cristã. Origina-se do encontro da mensagem evangélica e suas exigências éticas com os problemas que surgem na vida em sociedade.

Ao nosso entendimento, considerando os aspectos da natureza da Doutrina Social da Igreja – a reflexão moral, teológica e filosófica – e o percurso de discernimento inaciano como síntese das oposições, seria um erro supor que seu empenho no campo social e seus ensinamentos tenham como base filosofias materialistas. Ao contrário, revela-nos um esforço epistemológico, recorrendo à teologia e à filosofia, em diálogo com as ciências sociais, para refletir e interpretar a realidade social na linha dos grandes valores de um autêntico humanismo cristão, que preconiza o desenvolvimento de uma sociedade mais justa, solidária e fraterna.[192]

É dentro desse horizonte que se situam as encíclicas sociais *Laudato Si'* e *Fratelli Tutti*. Documentos repletos de elementos constitutivos para um saber teórico-prático de alcance social e pastoral. Assim como sugere as orientações para o Ensino e Educação da Doutrina Social da Igreja. Requer-se uma função crítica para a reflexão sobre as complexas realidades da vida do homem na sociedade e no contexto internacional, à luz da fé e da tradição eclesial.[193]

---

[190] *Cf.* FRANCISCO, 2013, p. 47; EG, 64.
[191] *Cf.* FRANCISCO, 2013, p. 111-112; EG, 183.
[192] *Cf.* FRANCISCO, 2013, p. 49; EG, 68.
[193] *Cf.* JOÃO PAULO II, 1987; SRS, 41.

Tanto na *encíclica Laudato Si'* quanto na *Fratelli Tutti* estão presentes a preocupação com a inclusão social dos pobres e o desenvolvimento integral em favor dos mais vulneráveis da sociedade. Não obstante, Bergoglio afirma que a solidariedade deve ser vivida como a decisão de devolver ao pobre o que lhe corresponde[194]. A solidariedade abre caminhos para as transformações estruturais. Podemos aqui acenar para a justiça social.

A encíclica *Laudato Si'* traz à tona a preocupação com "*a casa comum*", o planeta Terra, a sustentabilidade e a deterioração da qualidade de vida humana e degradação social, fazendo uma forte crítica ao paradigma tecnocrático e ao modelo de desenvolvimento atual, centrado no consumo desenfreado e na cultura do descarte. Diante dessa realidade, o Papa Francisco exorta para uma "conversão ecológica", ou seja, para uma mudança de comportamento em nosso modo de pensar, sentir e viver.[195] Aponta para um estilo de vida mais sóbrio e humilde.[196] Reconhece que "não é fácil desenvolver uma humildade sadia e uma sobriedade feliz".[197] Constata que para a sociedade moderna – marcada pelo paradigma da técnica e do acúmulo – sobriedade e humildade remetem a um espírito de pobreza, despojamento e simplicidade, e isso, aos olhos do mundo, elucida, teoricamente, um sinal de fracasso e frustração. Mas, em verdade, essa frustração revela, frequentemente, a paz interior perdida: a perda da serenidade quando o mercado oferece algo que ainda não compramos.[198] O mundo do consumo exacerbado é, simultaneamente, o mundo que maltrata a vida em todas as suas formas.[199]

Na encíclica *Fratelli Tutti*, lançada durante a pandemia de covid-19, são abordadas as questões relacionadas com a fraternidade e a amizade social. O próprio Papa revela-nos a sua preocupação com esses temas: "a fraternidade e a amizade social sempre estiveram entre as minhas preocupações".[200] Afirma:

> Entrego esta Encíclica Social como humilde contribuição para a reflexão, a fim de que, perante as várias formas atuais de eliminar ou ignorar os outros, sejamos capazes de reagir

---

[194] Cf. FRANCISCO, 2013, p. 115; EG, 189.
[195] Cf. FRANCISCO, 2015, p. 125-126; LS, 216.
[196] Cf. FRANCISCO, 2015, p. 129; LS, 224.
[197] Cf. FRANCISCO, 2015, p. 129; LS, 224.
[198] Cf. FRANCISCO, 2013, p. 41-42; EG, 54.
[199] Cf. FRANCISCO, 2015, p. 131; LS, 230.
[200] FRANCISCO, 2020, p. 7; FT, 5.

com um novo sonho de fraternidade e amizade social que não se limite a palavras.[201]

É assim que essa encíclica se insere dentro do corpo da Doutrina Social da Igreja, um documento que não se resume em palavras, mas em atitudes. Um conjunto de ensinamentos orientados à conduta moral, nesse caso específico à *cultura do cuidado*.

A encíclica *Fratelli Tutti* é um chamamento a uma moral ético-social comprometida com o imperativo ético do *cuidado*. O desafio de pensar em um mundo aberto, em que haja lugar para todos, que inclua os mais frágeis e respeite as diferentes culturas.[202] Uma encíclica que realça as relações sociais e reforça que a vida subsista onde há vínculos de comunhão e de fraternidade, capazes de vencer a indiferença social e política, de modo a invocar, em suas linhas, a prática constante do amor social.[203]

Tanto a encíclica *Laudato Si'* quanto a *Fratelli Tutti* realçam a dimensão do cuidado: *cuidar da fragilidade*. O dever ético que faz emergir uma cultura do cuidado que permeie toda a sociedade[204]. Afirma o Papa Francisco:

> Cuidar da fragilidade quer dizer força e ternura, luta e fecundidade, no meio de um modelo funcionalista e individualista que conduz inexoravelmente à cultura do descarte, significa assumir o presente na sua situação mais marginal e angustiante e ser capaz de ungi-lo com dignidade.[205]

O princípio da dignidade é, portanto, o centro do pensamento social do Papa Francisco. Assim como a síntese de toda a Doutrina Social da Igreja. Cuidar das fragilidades e assumir uma ética do cuidado consiste em abrir-se à caridade, "o amor, cheio de pequenos gestos de cuidado mútuo, é também civil e político, manifestando em todas as ações que procuram construir um mundo melhor"[206].

A cultura do cuidado na perspectiva de Francisco é o exercício da participação social. A educação para a convivência social segundo os princípios

---

[201] FRANCISCO, 2020, p. 7; FT,6.
[202] *Cf.* FRANCISCO, 2020, p. 7; FT,6.
[203] *Cf.* FRANCISCO, 2020, p. 91; FT, 183.
[204] *Cf.* FRANCISCO, 2015, p. 132; LS,231.
[205] FRANCISCO, 2020, p. 89-90; FT, 180.
[206] FRANCISCO, 2013, p. 133; EG,231.

basilares da Doutrina Social da Igreja: *dignidade, bem comum, solidariedade, subsidiariedade, destinação universal dos bens.*[207] Afirma Bergoglio:

> O cuidado e a promoção do bem comum da sociedade competem ao Estado. Este, com base nos princípios de subsidiariedade e solidariedade e com um grande esforço de diálogo político e criação de consenso desempenham um papel fundamental — que não pode ser delegado — na busca do desenvolvimento integral de todos.[208]

Para Francisco, a chave para o desenvolvimento integral está na vivência de uma cultura do cuidado, e essa se situa em propostas que melhor correspondam à dignidade da pessoa humana e ao bem comum. Eis a clareza da base epistemológica da ética social do Papa Francisco. Fundamento que encontra ressonância e está em perfeita comunhão com os valores e princípios da Doutrina Social da Igreja. Ou seja, converge para o ideal de uma sociedade justa, centrada no valor supremo da pessoa humana e sem exclusões. Uma resposta profética e atual aos fanatismos, às lógicas fechadas e à fragmentação social que proliferam na contemporaneidade.[209]

O Papa Francisco, ao inaugurar um novo tempo no pontificado romano, insere seu pensamento latino ao conjunto de reflexões da Doutrina Social da Igreja, afirmando:

> A fragilidade dos sistemas mundiais perante a pandemia evidenciou que nem tudo se resolve com a liberdade de mercado e que, além de reabilitar uma política saudável que não esteja sujeita aos ditames das finanças, "devemos voltar a pôr a dignidade humana no centro e sobre aquele pilar devem ser construídas as estruturas sociais alternativas das quais precisamos.[210]

Os gestos e linguagens do Papa Francisco confirmam sua ortodoxia ao Evangelho, à tradição e ao magistério da Igreja. Revelam traços de uma espiritualidade inaciana, marcada por uma profunda teologia e lapidada pela caridade pastoral com imersão na vida concreta do povo. Um caminho frutuoso e fecundo de saída, simplicidade, austeridade, coragem e encontro,

---

[207] *Cf.* PONTIFÍCIO CONSELHO JUSTIÇA E PAZ. *Compêndio da doutrina Social da Igreja.* São Paulo: Paulinas, 2001.
[208] FRANCISCO, 2013, p. 137; EG, 240.
[209] *Cf.* FRANCISCO, 2020, p. 95; FT, 191.
[210] FRANCISCO, 2020, p. 83-84; FT, 168.

que, embora incomode aqueles que acusam o papa de "marxista"[211], e apostam em uma sociedade polarizada e dividida, reafirma, à luz da Doutrina Social da Igreja, um amor preferencial e não excludente pelos menos favorecidos e que é possível avançar para uma civilização do amor a que todos podem sentir-se chamados.[212] Inclusive esses fundamentalistas radicais que o acusam.

6. Conclusão

O pontificado de Jorge Mario Bergoglio, o Papa Francisco, o papa latino-americano, é caracterizado pelas marcas da espiritualidade inaciana e pelos traços da teologia do povo fiel, predominantes na Argentina em seu tempo. Essas marcas revelam as linhas gerais do pensamento de Bergoglio: a dialética bergogliana, a filosofia da polaridade, a teoria da oposição polar, e o percurso de translação do existencial ao social.

A preocupação com *o todo, a realidade, o tempo e a unidade* são marcas do pensamento de Bergoglio. Marcas essas que originam a proposta de um novo pacto cultural e social, centrado na cultura do cuidado.

A dimensão do cuidado, é, por fim, o centro do pensamento social do Papa Francisco: cuidar das fragilidades e das periferias: urbanas, físicas ou existenciais.

A cultura do cuidado requer uma ética do cuidado – uma reflexão teológica e filosófica em diálogo com as ciências sociais – como resposta para algumas graves realidades hodiernas que desencadeiam processos de desumanização e afetam a vida e a dignidade do povo.

Portanto, é a dimensão do cuidado – com os pobres, os estrangeiros, os feridos, a biodiversidade e o planeta – o cerne da mensagem social do Papa Francisco.

A mensagem mencionada de Francisco evoca um novo estilo de vida. Um novo modo de *ser, sentir e viver*. Reconciliar-se com "a carne dos outros"[213]. Abraçar o "risco" do encontro com o rosto do outro.[214] E, se for necessário, não se esquivar de cuidar do outro. Descobrir Jesus no rosto dos outros.[215] Um imperativo ético que ilumina o comportamento social

---

[211] *Cf.* CUNHA, 2014, p. 290.
[212] *Cf.* FRANCISCO, 2020, p. 91; FT, 183.
[213] *Cf.* FRANCISCO, 2013, p. 59; EG, 88.
[214] *Cf.* FRANCISCO, 2013, p. 59; EG, 88.
[215] *Cf.* FRANCISCO, 2013, p. 60-61.59; EG, 91.

à luz da vivência dos princípios e valores da Doutrina Social da Igreja. Destaca-se a primazia da *dignidade humana, o bem comum, a solidariedade, a subsidiariedade e a destinação universal dos bens*, levando em consideração os valores da *vida*, da *justiça* e da *caridade*.[216]

A ética social do Papa Francisco, seu testemunho de vida, suas exortações e ensinamentos refletem a *ortodoxia* e a *ortopráxis* de seu pensamento, em comunhão com o Evangelho e a tradição da Igreja, da mesma forma que ampliam a reflexão do magistério e contribuem para o conjunto de Ensinamentos Sociais da Igreja. Uma contribuição com marcas Argentina, latino-americana e inaciana. Nas palavras do próprio Papa: "foram buscar quase bem perto do fim do mundo".[217] Um argentino, inaciano, agora chamado de Francisco.

REFERÊNCIAS

BOFF, L. *Francisco de Assis e Francisco de Roma*: uma nova primavera na Igreja. Rio de Janeiro: Mar de ideias, 2014.

BORGHESI, M. *Jorge Mario Bergoglio*: uma biografia intelectual. Petrópolis: Vozes, 2018.

CUNHA, P. F. Evangelii Gaudium no contexto da doutrina social da Igreja. *Humanística e Teologia*, ano 35, 2014.

FRANCISCO. *Exortação Apostólica Evangelii Gaudium*: sobre o anúncio do Evangelho no mundo atual. São Paulo: Loyola; Paulus, 2013.

FRANCISCO. *Carta Encíclica Laudato Si'*: sobre o cuidado da casa comum. São Paulo: Loyola; Paulus, 2015.

FRANCISCO. *Carta Encíclica Fratelli Tutti*: sobre a fraternidade e a amizade social. São Paulo: Loyola; Paulus, 2020.

JOÃO PAULO II. *Carta encíclica Sollicitudo Rei Socialis*. São Paulo: Loyola; Paulus, 1987.

OTTAVIANI, E. Apontamentos sobre o pontificado do papa Francisco. *Vida Pastoral*, ano 58, n. 316, 2017.

---
[216] *Cf.* PONTIFÍCIO CONSELHO JUSTIÇA E PAZ. *Compêndio da doutrina Social da Igreja*. São Paulo: Paulinas, 2001.
[217] Expressão utilizada na sua aparição em público no dia de sua eleição, referindo-se à sua origem.

PAULO VI. *Populorum Pregressio*: sobre o desenvolvimento dos povos. São Paulo: Loyola; Paulus, 1987.

PAULO VI. *Octogesima Adveniens*. São Paulo: Loyola; Paulus, 1971.

PIQUÉ, E. *Papa Francisco*: vida e revolução. São Paulo: LeYa, 2014.

PONTIFÍCIO CONSELHO JUSTIÇA E PAZ. *Compêndio da doutrina Social da Igreja*. São Paulo: Paulinas, 2001.

QUEVEDO, L. G. Jorge Mario Bergoglio/papa Francisco: um testemunho. *Vida Pastoral*, ano 58, n. 316, 2017.

SCANNONE, J. C. Papa Francesco e la Teologia del Popolo. *La Ciciltà Cattolica*, ano 165, n. 3930, 2014.

SCANNONE, J. C. A ética social do Papa Francisco: o Evangelho da misericórdia segundo o espírito de discernimento. *Cadernos Teologia Pública*, ano XV, v. 15, n. 135, 2018.

SPADARO, A. *Entrevista exclusiva do Papa Francisco ao Pe. Antonio Spadaro, sj*. São Paulo: Paulus; Loyola, 2017.

CAPÍTULO V

O ENSINO DA MORAL SOCIAL: O CRISTIANISMO DESAFIADO A CONSTRUIR CIDADANIA[218]

O objetivo do presente artigo consiste em apresentar o ensino da Moral Social Cristã como uma proposta pedagógica e formativa dentro de um processo de formação da consciência crítica e da construção da cidadania. Trate-se, portanto, de refletir sobre o estatuto epistemológico, o objeto, e o sujeito da moral social cristã como uma disciplina reflexiva, própria dos saberes *ético-filosófico-teológicos*, em perspectiva de um autêntico humanismo cristão. Alia-se a esse intuito evidenciar a transculturalidade de elementos da moral social cristã e sua contribuição para a participação social e para a consolidação da cidadania ativa.

Introdução

O objetivo do presente artigo consiste em apresentar a importância do ensino e aprendizagem da Moral Social Cristã à luz de uma proposta pedagógica e formativa no campo dos saberes ético-filosófico-teológicos que orientam a presença e o compromisso dos cristãos no mundo. Trata-se, portanto, de sistematizar o conteúdo de uma disciplina reflexiva que contém importantes elementos de transculturalidade para o desenvolvimento de um personalismo integral e um autêntico humanismo cristão. Nesse horizonte, encontra-se uma reserva moral com importantes elementos de fé (*teologia*) e de razão (*filosofia*) em diálogo com as ciências sociais e humanas.

A Congregação para Educação Católica, no documento *Orientações para o Estudo da Doutrina Social da Igreja*, diante do desafio do desenvolvimento de uma sociedade mais justa e fraterna, afirma que a Doutrina Social da Igreja, disciplina particular e autônoma, teórica e prática ao mesmo tempo, enquadra-se no campo amplo e complexo da Ciência da Teologia Moral, em estreita relação com a Moral Social. Essa compreensão, recorrente em

---

[218] Artigo publicado na *Revista Encontros Teológicos* da Faculdade Católica de Santa Catarina (Facasc), Florianópolis, em 13 de abril de 2022.

documentos como *Laborem Exercens*[219] e *Solicitudo Rei Socialis*[220], revela a necessidade de interpretar as complexas realidades da vida do homem na sociedade, examinando sua conformidade ou diferença, de acordo com os critérios do Evangelho. No mesmo sentido, ao refletir sobre a globalização do paradigma tecnocrático, e suas consequências que afetam a vida humana e a sociedade em todas as suas dimensões, afirma o Papa Francisco: "Uma ciência que pretenda oferecer soluções para os grandes problemas deveria, necessariamente, ter em conta tudo o que o conhecimento gerou nas outras áreas do saber, incluindo a Filosofia e a Ética Social".[221]

Nesse sentido, a Moral Social Cristã enquadra-se como uma disciplina que busca definir verdadeiros horizontes éticos de referência no âmbito da convivência social. Articula-se, epistemologicamente, do encontro dos fundamentos de uma antropologia teológica com os elementos da racionalidade humana, favorecendo, destarte, um conjunto de reflexões com valores considerados objetivos e válidos para todos os homens e mulheres de boa vontade. Afirma São João Paulo II, na *Libertatis Conscientia*: "Um conjunto de princípios de reflexão, de critérios de juízo e diretrizes de ação, para que as mudanças em profundidade, que exigem as situações de miséria, e de injustiça, sejam levados a cabo de maneira tal, que sirva ao verdadeiro bem dos homens".[222] Ou seja, o documento exprime um conteúdo universal que permite a reflexão acerca do sentido mais profundo da natureza humana e da convivência social diante dos problemas que surgem na vida em sociedade.

Assim, dentro desse horizonte está o desafio de construir uma proposta do encontro da mensagem evangélica e suas exigências éticas com os problemas que surgem na vida da sociedade. A Moral Social Cristã, portanto, vincula-se recorrendo à teologia e à filosofia para, à luz da consciência e da liberdade humana, refletir sobre a convivência social, a técnica, e o progresso, e orientá-los ao serviço de outro tipo de progresso, "mais saudável, mais humano, mais social, mais integral"[223]. Enfim, uma disciplina que favoreça o pensar criticamente, estimule a cidadania ativa, e rompa com

---

[219] JOÃO PAULO II. *Carta Encíclica Laborem Exercens*. Sobre o trabalho humano. São Paulo: Paulinas, 1981; LE, 3.
[220] JOÃO PAULO II. *Carta encíclica Sollicitudo rei socialis*. Sobre a solicitude social da Igreja. São Paulo: Paulus, 1987; SRS, 41.
[221] FRANCISCO. *Carta Encíclica Laudato Si'*: sobre o cuidado da casa comum. São Paulo: Paulus; Loyola, 2015, p. 71; LS, 110.
[222] JOÃO PAULO II. *Libertatis Conscientia*. Sobre a liberdade cristã e a libertação. São Paulo: Paulus, 1986; LC, 72.
[223] FRANCISCO, 2015, p. 71; LS, 112.

um modelo de educação que anestesie a consciência, adormeça o sentido do compromisso comunitário, e faça das pessoas e das comunidades seres domesticados e inofensivos.[224]

Metodologicamente, o presente artigo fundamenta-se em uma pesquisa bibliográfica, conceitual e exploratória, com a finalidade de apresentar o ensino da Moral Social Cristã como uma disciplina reflexiva que ofereça a existência de normas morais objetivas, válidas para todos, que apontam caminhos adequados "para resolver os problemas mais complexos do mundo atual, sobretudo os do meio ambiente e dos pobres, que não se podem enfrentar a partir de uma única perspectiva nem de um único tipo de interesse"[225].

Por fim, trata-se de realizar uma abordagem *teológico-filosófica*, com elementos importantes das ciências sociais, para definir o estatuto epistemológico, o objeto e o sujeito da Moral Social Cristã em perspectiva da *práxis* cristã e da construção da cidadania. Completa-se, ainda, no desafio de fazer com que as convicções de fé possam traduzir-se em ações políticas.[226]

1. O estatuto epistemológico da Moral Social Cristã

Pode-se afirmar que o estatuto epistemológico da Moral Social Cristã é algo complexo, por isso há que atentar especialmente ao emprego da filosofia da linguagem para a abordagem do seu objeto de estudo e pesquisa. Corre-se o risco, muitas vezes, diante dos interesses de determinados grupos de pesquisa e/ou poder, de surgirem hermenêuticas reducionistas e comprometidas que resultam em uma moral ideologizada. Por isso, requer-se à Moral Social Cristã, como é próprio da sua natureza, um sólido enquadramento teológico e filosófico. Em tempo: teológico porque a sua base pressupõe as orientações de uma antropologia teológica (sobrenatural) que consiste na ideia do *homem como imagem e semelhança de Deus*.[227] Outrossim, filosófico, pois dá fundamento e sustento de caráter racional, para demonstrar a coerência entre os dados derivados do Mistério da Revelação e os princípios da reta razão (racionalidade e razoabilidade).[228] Isso posto, do

---

[224] Cf. FRANCISCO. *Exortação Apostólica Evangelii Gaudium*: sobre o anuncio do Evangelho no mundo atual. São Paulo: Paulus; Loyola, 2013, p. 45; EG, 60.
[225] FRANCISCO, 2015, p. 70-71; LS, 110.
[226] Cf. FRANCISCO, 2013, p. 137; EG, 241.
[227] Cf. BAGGIO, A. M. *Lavoro e Dottrina Sociale Cristiana*: dalle origini al novecento. Roma: *Città Nuova*, 2005, p. 25.
[228] Cf. BAGGIO, 2005, p. 24.

encontro dos dados da revelação e da reta razão derivam as normas objetivas da moralidade humana, os seus princípios éticos, reguladores dos atos humanos no campo privado e na vida em sociedade.

Em adendo, Marcio Bolda, em *"Rosto e alteridade: pressupostos da ética comunitária"*, recorda a ética como um fenômeno humano e que o sentido dessa só pode ser captado e definido em relação aos comportamentos, às práticas, e aos atos realizados pelo homem.[229] Portanto, quando surge a referência especificamente de uma Moral Social, o sentido de ética deve ser captado em relação aos comportamentos, às práticas e aos atos que incidem sobre a vida social no campo das instituições sociais, econômicas e políticas. Na perspectiva da dimensão social, *indivíduo* e *comunidade* são dois termos inseparáveis, que necessariamente se pressupõem.[230]

Logo, dada a realidade que a ética é algo que faz parte da condição humana, e de que o agir – a ação – é o objeto característico da experiência moral, a ética é fator intrínseco ao modo de ser humano, portanto faz parte da natureza humana.

Ainda, quando se aborda a Moral Social em perspectiva cristã, é fundamental reconhecer o enquadramento teológico e filosófico entre os elementos da fé e da razão "que recolhe uma multiplicidade de contribuição interdisciplinar na unidade de juízo moral"[231] e oferece afirmações de caráter moral.

Para melhor definir o estatuto da Moral Social Cristã, é preciso considerar os fundamentos teológicos e filosóficos que ela contém: revelação e natureza humana. Elencam-se:

- A revelação é a maior motivação teológica da Moral Social Cristã. Com isso, a revelação de Deus em Jesus Cristo só pode ser percebida em seu objetivo central por meio do discernimento racional.[232] A teologia é a reflexão metódica sobre a realidade, à luz da fé e da revelação. Consiste, primordialmente, nos dados da antropologia teológica.[233] A afirmação principal dessa antropologia é o homem como *imagem de Deus*. A criação do homem e da mulher à imagem de Deus é um acontecimento divino de vida, e sua fonte é o amor

---

[229] *Cf.* BOLDA, M. S. *Rosto e alteridade*: pressuposto da ética comunitária. São Paulo: Paulus, 1995, p. 11.
[230] *Cf.* BOLDA, 1995, p. 21.
[231] BAGGIO, 2005, p. 24.
[232] *Cf.* ZILLES, U. *Desafios atuais para teologia*. São Paulo: Paulus, 2011, p. 27.
[233] *Cf.* ZILLES, 2011, p. 25.

fiel do Senhor.[234] Condição antropológica que eleva a natureza e ressalta a dignidade da pessoa humana. O atropelo à dignidade humana é atropelo ao próprio Deus, de quem ele é imagem.

- A racionalidade é uma característica constitutiva da natureza humana. Sem o recurso ao pensamento, é imaginável a teologia, pois cabe-lhe traduzir o mistério para dentro da linguagem e da cultura presente.[235] Consiste, portanto, na racionalidade dos conteúdos teológicos, de forma a torná-los aceitos pela universalidade humana e favorecer o diálogo entre os homens. A filosofia oferece para a Moral Social Cristã princípios de reflexão e critérios de juízo que fundamentam as bases éticas de um sistema ou de um modelo de sociedade, conforme as exigências da dignidade humana.

É fundamental ao estudo e ao ensino a pesquisa da Moral Social Cristã apontar para uma síntese entre o uso responsável dos dados provenientes das ciências sociais em consonância com as ciências naturais. Assim, o fio condutor da Moral Social Cristã será sempre o valor supremo da pessoa humana em todas as fases de sua existência. Ata-se a essa condição a sociabilidade humana e a necessidade da convivência social.

2. Universalidade da Moral Social Cristã

A Moral Social Cristã deve submeter-se criticamente à razão e ao pensamento. A fé é uma livre opção da pessoa, abrindo uma nova dimensão da realidade global que não é captável pelo conhecimento científico, mas responsável perante a razão, pois aquele que crê, como ser racional, busca plausibilidade racional para a sua fé.[236] A fé pertence ao pensar compreensivo, ou seja, ao saber do homem.[237] Nesse sentido, a fé eleva o ser humano até o mistério que transcende a natureza e a inteligência humana.[238]

Dentro desse horizonte, a Moral Social Cristã é capaz de refletir o desenvolvimento do pensamento cristão revelando elementos transculturais do conteúdo de fé com sabedoria e com valores universais válidos para todos.

---

[234] Documento de Aparecida: texto conclusivo da V Conferência Geral do Episcopado Latino-americano e do Caribe. São Paulo: Paulus, 2007, p. 176; DAP, 388.
[235] Cf. ZILLES, 2011, p. 27.
[236] ZILLES, 2011, p. 25.
[237] ZILLES, 2011, p. 25.
[238] Cf. FRANCISCO, 2013, p. 137; EG, 242.

Sobre esse conteúdo transcultural, próprio da Moral Social, José Ignácio Calleja, na obra *Moral Social Samaritana II*, reflete sobre a sociabilidade humana, a dignidade fundamental e os princípios decorrentes da Moral Social Cristã que se alargam para a vida social e a realização integral do ser humano e das estruturas sociais de sua convivência: *bem comum, participação, solidariedade, subsidiariedade, destino universal dos bens criados*.[239]

Esses princípios, segundo Calleja, são consequências de um modelo moral cuja arquitetura teórica se sustenta no ser humano como criatura com duas qualidades maiores: dignidade fundamental e sociabilidade constitutiva.[240] Ambas as qualidades convergem na categoria que se denomina bem comum. Sobre o bem comum, em perspectiva de Moral Social Cristã, escreve Calleja:

> Denominamos bem comum esse bem particular da coletividade que, através do cuidado das mais diversas condições da vida em sociedade, permite o respeito e a realização da vida criativa e equilibrada daquelas qualidades em todas as pessoas, em suas famílias e associações, bem como em suas sociedades "matriz" ou povos.[241]

O conteúdo transcultural da Moral Social Cristã oferece o discernimento de experiências concretas da vida social, tais como: a *participação* soberana e democrática de todos naquilo que a todos afeta; *solidariedade* com os mais fracos e com aqueles em situação de vulnerabilidade, pois ninguém pode "construir-se de costas ao sofrimento"[242]; *subsidiariedade* "que dá liberdade para o desenvolvimento das capacidades presentes a todos os níveis, mas simultaneamente exige mais responsabilidade pelo bem comum de quem tem mais poder"[243]; e *destinação universal dos bens* "com o esforço por multiplicar e tornar os bens deste mundo mais acessíveis a todos"[244].

O conteúdo transcultural da Moral Social Cristã reflete a totalidade das pessoas em uma sociedade que procura um bem comum verdadeiramente incorporado a todos, por isso seu estudo e pesquisa provocam um modo

---

[239] *Cf.* CALLEJA, J. I. *Moral Social Samaritana II*: fundamentos e noções de ética política e cristã. São Paulo: Paulus, 2009, p. 20.
[240] *Cf.* CALLEJA, 2009, p. 20.
[241] CALLEJA, 2009, p. 20.
[242] FRANCISCO. *Carta Encíclica Fratelli Tutti*: sobre a fraternidade e a amizade social. São Paulo: Paulus; Loyola, 2020, p. 36; FT, 66.
[243] FRANCISCO, 2015, p. 115; LS, 196.
[244] FRANCISCO, 2013, p. 123; EG, 203.

de pensar, de sentir e de viver que ajuda efetivamente a crescer na solidariedade, na responsabilidade e na dimensão do cuidado. Por fim, contribui para um processo formativo da consciência que faz brotar a reação moral para um novo estilo de vida.

3. O objeto e o sujeito da Moral Social Cristã

O objeto de estudo da Moral Social Cristã é a sociabilidade constitutiva do ser humano, e sua dignidade única e incondicional: a ação e a sujeição do indivíduo às normas e valores estabelecidos pela sociedade a que pertence. Consequentemente, o sujeito da Moral Social Cristã é a pessoa humana e a convivência social.[245] Segundo Calleja, por sua própria natureza, a pessoa tem absoluta necessidade da vida social, que engrandece o ser humano em todas as suas qualidades e o capacita para responder à sua vocação.[246] A sociabilidade, nesse sentido, é a matriz de todas as formas de vida social. Por sua vez, o destino mais radical da vida social é a realização integral do ser humano e das estruturas sociais de sua convivência.

Contudo, a sociabilidade constitutiva e a dignidade única são as realidades ontológicas que caracterizam a pessoa humana. Na cultural atual, porém, é preciso reconhecer na sociedade hodierna estilos de *ser* e de *viver* contrários à natureza e dignidade do ser humano. Segundo os bispos da América-Latina e do Caribe, reunidos na Conferência de Aparecida no ano 2007, o impacto dominante dos ídolos do poder, da riqueza, e do prazer efêmero se transformou, acima do valor da pessoa, em norma máxima de funcionamento e em critério decisivo na organização social.[247] Na exortação apostólica *Evangelii Gaudium*, o Papa Francisco ressalta algumas realidades hodiernas que desencadeiam processos de desumanização e colocam em risco o compromisso comunitário, a exemplo do medo, da falta de respeito, da violência e da desigualdade social.[248] Concatena-se a essa realidade uma "globalização da indiferença"[249], que anestesia socialmente os indivíduos. Nessa ótica, de modo imperceptível, o ser humano torna-se incapaz de se compadecer ao ouvir os clamores alheios. O individualismo pós-moderno, aliado ao subjetivismo e ao relativismo moral, debilita os vínculos interpes-

---

[245] *Cf.* CALLEJA, 2009, p. 21.
[246] CALLEJA, 2009, p. 21.
[247] *Cf.* DOCUMENTO DE APARECIDA, 2007; DAP, 387.
[248] *Cf.* FRANCISCO, 2013, p. 40; EG, 52.
[249] FRANCISCO, 2013, p. 41; EG, 54.

soais, o compromisso comunitário, e, como consequência, o acolhimento público. "Na cultura dominante ocupa o primeiro lugar aquilo que é exterior, imediato, visível, rápido e provisório. O real cede lugar à aparência"[250], afirma Francisco.

A Moral Social Cristã, ao apresentar seu objeto e sujeito de estudo, deve propor uma educação que ensine a pensar criticamente e ofereça um caminho de amadurecimento nos valores: um regresso a uma ética propícia ao ser humano e às relações comunitárias – como aquela que sugere o Papa Francisco: a misericórdia como fio condutor da experiência moral.[251]

4. A construção da cidadania ativa

Ao se propor a disciplina de Moral Social Cristã como uma componente constitutiva do processo de construção da cidadania ativa, é preciso definir o que se subentende pelo termo mencionado. Segundo a politóloga Daniela Ropelato, em *"Democrazia inteligente"*, a cidadania ativa passa pelo desenvolvimento, aprimoramento e consolidação de uma cultura de participação representativa que faz despontar uma sociedade capaz de autodeterminar-se.[252] Nela, participação social é o centro da cidadania ativa.

Isso posto, propor a Moral Social Cristã como uma disciplina capaz de fomentar e aprimorar a cidadania ativa significa submeter o objeto e sujeito da moral à reflexão sobre a participação social, principalmente nos campos da economia e da política. Segundo Anderson Faenello, a pessoa humana, o sujeito da moral, deve, sempre mais, conscientizar-se de sua responsabilidade por edificar um mundo melhor, pautando-se na verdade e na justiça.[253] Ensina o Concílio Vaticano II na *Gaudium et Spes*: "O homem é o autor, centro e fim de toda a vida econômica e social"[254]. Por isso, deve lutar para que, também na vida econômico-social, a dignidade da pessoa e da comunidade em que está inserido seja honrada e respeitada.

---

[250] FRANCISCO, 2013, p. 45; EG, 62.
[251] *Cf.* SCANNONE, J. C. A ética social do Papa Francisco: o Evangelho da misericórdia segundo o espírito do discernimento. *Cadernos Teologia Pública*, ano XV, n. 135, p. 3, 2018.
[252] *Cf.* ROPELATO, D. *Democrazia inteligente*. La partecipazione: attori e processi. Roma: Città Nuova, 2010, p. 25-28.
[253] *Cf.* FAENELLO, A. F. *A felicidade e a realização humana no trabalho*: elementos fundamentais à luz da Doutrina Social da Igreja. São Paulo: Paulus, 2014, p. 91.
[254] GS, 63.

Nesse mesmo sentido, ecoa-se o Papa Francisco: "Pensando no bem comum, hoje precisamos imperiosamente que a política e a economia, em diálogo, coloquem-se a serviço da vida, especialmente da vida humana"[255]. A participação social rompe a lógica perversa dos interesses de grupos privados e oferece à inteligência humana princípios de reflexões, critérios de juízo e diretrizes de ação em consonância com as exigências do Evangelho, apresentando elementos transculturais para encontrar formas "de desenvolvimento sustentável e equitativo no quadro de uma concepção mais ampla da qualidade de vida" [256]. O Papa Francisco insiste ainda: "uma educação que ensine a pensar criticamente e ofereça um caminho de amadurecimento nos valores".[257] Valores esses que se cristalizam na dignidade da pessoa humana e na defesa dos direitos humanos. Não é opção progressista pretender resolver os problemas, eliminando uma vida humana e fragilizando os vínculos interpessoais. A participação social consolida-se na preocupação por "integrar os mais frágeis"[258], e "investir para que os mais lentos, fracos ou menos dotados possam também singrar na vida" [259]. Assim, a Moral Social Cristã, ao voltar-se para a dinâmica da participação social, volta-se, consequentemente, para a participação da pessoa no mundo e seu compromisso em promover o bem moral.

Ao ressoar a expressão *promover o bem moral*, o homem assume a conceituação feita pelo Papa Francisco na Carta Encíclica *Fratelli Tutti*:

> Não podemos deixar de afirmar que o desejo e a busca do bem dos outros e da humanidade inteira implica também procurar um desenvolvimento das pessoas e das sociedades nos distintos valores que concorrem para o bem comum.[260]

Nesse sentido, situa-se o desafio da Moral Social Cristã e de seu empenho para a formação da cidadania ativa:

> Vivemos já muito tempo na degradação moral, descartando a ética, a bondade, a fé, a honestidade; chegou o momento de reconhecer que esta alegre superficialidade de pouco nos serviu. Tal destruição de todo o fundamento da vida social

---

[255] FRANCISCO, 2015, p. 111; LS, 189.
[256] FRANCISCO, 2015, p. 113; LS, 192.
[257] FRANCISCO, 2013, p. 47; EG, 62.
[258] FRANCISCO, 2015, p. 115; LS, 196.
[259] FRANCISCO, 2013, p. 125; EG, 209.
[260] FARANCISCO, 2020, p. 55; FT, 112.

acaba por colocar-nos uns contra os outros na defesa dos próprios interesses.[261]

Nesse horizonte, a Moral Social Cristã é provocada a refletir sobre as linhas de um desenvolvimento integral, solidário e fraterno, a romper com a lógica do indiferentismo, do individualismo, do egoísmo, da violência e da corrupção nas suas mais diversas formas.

Contudo, há alguns desafios do mundo atual dos quais a Moral Social Cristã não pode se esquivar de refletir e que formam a consciência para o exercício da cidadania ativa:

a. A causa da pobreza, a centralização das riquezas, a desigualdade social que gera violência e a consolidação dos direitos humanos e sociais: acesso à saúde, à educação, à moradia digna e ao trabalho. Programas de verdadeiro desenvolvimento integral.[262]

b. Preocupação com a vida planetária, a ecologia, os biomas e a deterioração da qualidade de vida humana e degradação social.[263]

c. Fortalecimento das instituições e do sistema democrático, da participação popular e dos mecanismos de controle. A rejeição da corrupção nas suas mais diversas formas.[264]

d. A superação dos fundamentalismos e totalitarismos anti-históricos, dos intelectualismos sem sabedoria, dos purismos angélicos e dos projetos mais formais que reais.[265]

Além desses desafios elencados, soma-se uma onda de neoconservadorismo e fundamentalismo político-religioso, que faz despertar a intolerância e precisa ser enfrentada, "curada" e superada.

Dentro dessa realidade, muitas vezes hostilizada, a Moral Social Cristã é desafiada a construir cidadania. É chamada a fazer da integração, da cooperação, da participação e da solidariedade fatores de um verdadeiro progresso. Denunciar "os interesses do mercado divinizado, transformados

---

[261] FRANCISCO, 2020, p. 56; FT, 113.
[262] *Cf.* FRANCISCO, 2013, p. 122; EG, 203.
[263] *Cf.* FRANCISCO, 2015, p. 31; LS, 43.
[264] *Cf.* FRANCISCO, 2020, p. 56; FT, 113.
[265] *Cf.* FRANCISCO, 2013, p. 133; EG, 231.

em regra absoluta"[266] e superar as tensões e visões destorcidas sobre sua natureza e finalidade. Para tanto, a Moral Social Cristã não é uma ideologia, tampouco uma espécie de "terceira via" entre a "utopia liberal" e a "utopia socialista", ou sistema socioeconômico e político alternativo. Ela se justifica como uma disciplina que oferece as bases éticas de um sistema ou de um modelo de sociedade conforme as exigências da dignidade humana. Situa-se na linha de um discernimento evangélico, provado pela razão, e com elementos transculturais, considerados universais para refletir sobre os processos de desumanização que ferem a dignidade e a sociabilidade humana, bem como as estruturas que vivificam uma falsa sensação protetiva. Revela-se, impreterivelmente, uma disciplina que fomenta a construção da cidadania ativa, pois busca superar "a tristeza individualista que brota do coração comodista e mesquinho, da busca desordenada de prazeres superficiais, da consciência isolada"[267] e transforma espaços de desintegração e conflitos em integração, concórdia e comunhão recíproca.

Enfim, o estudo, o ensino e a pesquisa da Moral Social Cristã provocam a consciência crítica para dar respostas sólidas às fragilidades da sociedade pós-moderna e às falaciosas promessas de progresso.

5. Conclusão

A Moral Social Cristã reúne um rico conteúdo interdisciplinar que provém da Sagrada Escritura, da tradição e do magistério confrontado à luz da razão.

Centrada em uma antropologia teológica que favorece as categorias ontológicas de sociabilidade e dignidade da pessoa humana, ela abre-se à transcendência e confronta os interesses individuais diante da dimensão comunitária da vida. Ainda, aponta para princípios de reflexão, critérios de juízo e orientações de ações que envolvem as dimensões moral, espiritual, e social da pessoa. Dela decorrem profundas reflexões, como: bem comum, solidariedade, subsidiariedade, entre outras. Reflexões que permitem reunir um rico conteúdo de ensinamentos sociais, e de doutrinário. Afirma Francisco: "A ecologia humana é inseparável da noção de bem comum, princípio este que desempenha um papel central e unificador na ética social".[268] Essa

---

[266] FRANCISCO, 2013, p. 56; EG, 43.
[267] FRANCISCO, 2013, p. 9; EG, 2.
[268] FRANCISCO, 2015, p. 156; LS, 156.

ecologia humana e a ética social a que se refere Francisco refletem "os valores da liberdade, respeito mútuo e solidariedade que podem ser transmitidos desde a mais terna idade"[269].

A importância de se definir a Moral Social Cristã como uma disciplina reflexiva do campo ético-filosófico-teológico capaz de contribuir para a formação da cidadania ativa está no fato de apresentar um conteúdo transcultural, ou uma exigência ética fundamental, para a efetiva realização do bem comum, da pessoa humana e de sua sociabilidade.

Como uma disciplina formal, porém, atenta aos projetos reais, utiliza-se do discernimento evangélico para ultrapassar o nominalismo formal e superar as retóricas e ideias que frequentemente distanciam-se da realidade. A Moral Social Cristã deve apontar caminhos para uma práxis de vida que se aproxima de um verdadeiro humanismo integral.

Contudo, a participação social é o sentido que se dá à cidadania ativa, e isso significa: prestar atenção e se debruçar sobre as novas formas de pobreza e fragilidades que afetam a humanidade. O ensino da Moral Social Cristã é, de fato, um convite a refletir sobre a pessoa, a vida em sociedade, e a participação ativa do cristão no mundo. Inspira, portanto, o rompimento com a mentalidade individualista e o alcance de um novo estilo de vida, como aquele participativo: "uma sociedade que procure o bem comum que verdadeiramente incorpore todos".[270]

REFERÊNCIAS

BAGGIO, A. M. *Lavoro e Dottrina Sociale Cristiana*: dalle origini al novecento. Roma: Città Nuova, 2005.

BOLDA, M. S. *Rosto e alteridade*: pressuposto da ética comunitária. São Paulo: Paulus, 1995.

CALLEJA, J. I. *Moral Social Samaritana II*: fundamentos e noções de ética política e cristã. São Paulo: Paulus, 2009.

CNBB. *Documento de Aparecida*: texto conclusivo da V Conferência Geral do Episcopado Latino-Americano e do Caribe. São Paulo: Paulus, 2007.

---

[269] FRANCISCO, 2020, p. 57; FT, 114.
[270] FRANCISCO, 2013, p. 135; EG, 236.

FAENELLO, A. F. *A felicidade e a realização humana no trabalho*: elementos fundamentais à luz da Doutrina Social da Igreja. São Paulo: Paulus, 2014.

FRANCISCO. *Exortação Apostólica Evangelii Gaudium*: sobre o anuncio do Evangelho no mundo atual. São Paulo: Paulus; Loyola, 2013.

FRANCISCO. *Carta Encíclica Laudato Si'*: sobre o cuidado da casa comum. São Paulo: Paulus; Loyola, 2015.

FRANCISCO. *Carta Encíclica Fratelli Tutti*: sobre a fraternidade e a amizade social. São Paulo: Paulus; Loyola, 2020.

JOÃO PAULO II. *Carta Encíclica Laborem Exercens*. Sobre o trabalho humano. São Paulo: Paulinas, 1981.

JOÃO PAULO II. *Carta Encíclica Sollicitudo rei socialis*. Sobre a solicitude social da Igreja. São Paulo: Paulus: 1987.

JOÃO PAULO II. *Libertatis Conscientia*. Sobre a liberdade cristã e a libertação. São Paulo: Paulus, 1986.

ROPELATO, D. *Democrazia inteligente*. La partecipazione: attori e processi. Roma: Città Nuova, 2010.

SCANNONE, J. C. A ética social do Papa Francisco: o Evangelho da misericórdia segundo o espírito do discernimento. *Cadernos Teologia Pública*, ano XV, n. 135, 2018.

ZILLES, U. *Desafios atuais para teologia*. São Paulo: Paulus, 2011.

CAPÍTULO VI

HARMONIA PLURIFORME: A PROPOSTA DA SINODALIDADE À LUZ DA EXORTAÇÃO APOSTÓLICA *EVANGELII GAUDIUM*[271]

O presente capítulo consiste em apresentar a proposta da sinodalidade invocada pelo Papa Francisco como um caminho de harmonia pluriforme à luz da Exortação Apostólica *Evangelii Gaudium*. Trata-se, metodologicamente, de evidenciar os quatro princípios contidos na *Evangelii Gaudium* que orientam especificamente o desenvolvimento da convivência social e a construção de uma proposta de sinodalidade na qual as diferenças se harmonizam dentro de um projeto comum.

Palavras-chave: Sinodalidade. Harmonia pluriforme. Projeto comum.

Introdução

A sinodalidade como uma proposta de harmonia pluriforme e de promover uma comunhão dinâmica, aberta, missionária e misericordiosa é objeto central do presente artigo. Nesse intuito, situa-se a proposta de uma renovação eclesial inadiável que aponta para um estilo de vida que implica capacidade de viver juntos e de comunhão, aliado ao desejo inexaurível de oferecer misericórdia.

A sinodalidade compreendida como harmonia pluriforme é uma das interpretações que pode ser captada à luz da Exortação Apostólica *Evangelii Gaudium*[272], do Sumo Pontífice Francisco, no entanto essa compreensão precisa ser cuidadosamente clarificada.

O Papa Francisco, na referida encíclica, apresenta-nos quatro princípios, relacionados com quatro tensões polares, que servem como parâmetros de referência para avançar na construção de um povo e de uma Igreja em paz, com as portas abertas e capaz de sair em direção aos outros para chegar

---

[271] Artigo publicado na Revista Encontros Teológicos da Faculdade Católica de Santa Catarina (Facasc), Florianópolis, em 31 agosto de 2022.
[272] *A alegria do Evangelho.*

às periferias humanas e oferecer misericórdia. Um estado permanente de *ser* e de *dar-se* cujas diferenças se harmonizam dentro de um projeto comum. Os quatro princípios enunciados pelo Papa Francisco são: *o tempo é superior ao espaço, a unidade prevalece sobre o conflito, a realidade é mais importante que a ideia*, e *o todo é superior à parte*.

Metodologicamente o presente artigo está dividido em três seções: **(1)** *Francisco de Roma e a proposta de uma Igreja sinodal*, que abordará a base epistemológica do pensamento do Papa Francisco e sua compreensão sobre o sentido da sinodalidade; **(2)** *Os quatros princípios para um estado permanente de sinodalidade*, compreendidos à luz da Exortação Apostólica *Evangelii Gaudium*; por fim, **(3)** *A sinodalidade como harmonia pluriforme*, uma leitura feita com base na ideia do poliedro convergente, pastoralmente assumido pelo Papa Francisco.

O presente artigo é o resultado de uma pesquisa bibliográfica, conceitual e exploratória de abordagem qualitativa, que se harmoniza dentro da proposta de compreender a sinodalidade como uma harmonia pluriforme centrada nos princípios contidos na *Evangelii Gaudium*, que, quando assumidos com convicção, podem referenciar um verdadeiro caminho para a paz e a comunhão dentro da Igreja, de cada nação e no mundo inteiro.

1. Francisco de Roma e a proposta de uma Igreja sinodal

Muito se especulou sobre o nome escolhido pelo cardeal Jorge Mario Bergoglio ao ser eleito bispo de Roma. Segundo Edelcio Ottaviani, professor da Pontifícia Universidade Católica de São Paulo, o Papa Paulo VI (1897-1978) teria dito que dificilmente o nome Francisco seria atribuído a um papa por causa da incongruência dos protocolos pontifícios e da riqueza cultural e arquitetônica que orbitam um sumo pontífice. Porém, quebrando todos os paradigmas, Bergoglio assume essa contradição para operar por dentro a renovação da Igreja e, particularmente, da Cúria Romana.[273] Fazê-la interpelar-se pela longa tradição dos profetas da caridade, que se preocuparam com a justiça social e se fizeram próximos dos excluídos e dos abandonados, levando, muitas vezes, uma vida despojada e ascética.[274]

Para o teólogo Leonardo Boff, Francisco não é apenas um nome, mas sim um projeto de Igreja – pobre, simples, evangélica e destituída de todo

---

[273] *Cf.* OTTAVIANI, E. Apontamentos sobre o pontificado do papa Francisco. *Vida Pastoral*, v. 58, n. 316, p. 12, 2017.
[274] *Cf.* OTTAVIANI, 2017, p. 13-14.

aparato.[275] Ou seja, um programa necessário para que a Igreja cumpra o seu papel de facilitadora, e não de complicadora, da mensagem salvífica de Cristo. Nesse sentido, escreve o professor Edelcio Ottaviani:

> Francisco convida o povo a caminhar em comunhão com o seu bispo, e o bispo em comunhão com seu povo, numa relação de fraternidade, amor e confiança mútuos, estabelecendo um caminho de mão dupla, em meio ao qual as diversas instâncias eclesiais são chamadas a se ajudar, e não a dominar e oprimir.[276]

Como percebemos, os gestos e a linguagem de Francisco revelam um papa que quer ser simples em uma Igreja pobre, com os pobres dentro de uma proposta sinodal alinhada com as exigências de um mudo mais plural e globalizado.

A sinodalidade pensada e desejada por Francisco é reflexo de um perfil eclesiológico de comunhão. Trata-se de um paradigma trinitário que desenha um plano de relação e salvação de "uns em direção a todos e de todos em direção a cada um, sem esquecer que o todo é superior a parte".[277] Reflexo de uma Igreja integradora no mistério trinitário e comprometida em "sair em direção aos outros para chegar às periferias humanas,"[278] "reconhecê-los e buscar o seu bem"[279].

O Papa Francisco aponta para a proposta de sinodalidade centrada em um modelo de ação pastoral guiada por "um desejo inexaurível de oferecer misericórdia"[280]. E com consequências pastorais: uma Igreja aberta a todos, pensada como um hospital de campanha, pronta para salvar os feridos como que num campo de guerra; Igreja de saída, alicerçada em uma pastoral sem muros.

A sinodalidade que nos apresenta Francisco é decorrente de uma antropologia encarnada e de uma cultura do encontro em que "a verdadeira fé no Filho de Deus feito carne é inseparável do dom de si mesmo, da pertença à comunidade, do serviço, da reconciliação com a carne dos outros".[281]

---

[275] *Cf.* BOFF, L. *Francisco de Assis e Francisco de Roma*: uma nova primavera na Igreja. Rio de Janeiro: Mar de ideias, 2014, p. 51.
[276] OTTAVIANI, 2017, p. 14.
[277] OTTAVIANI, 2017, p. 18.
[278] FRANCISCO. *Carta Evangelii Gaudium*. Sobre a alegria do Evangelho. São Paulo: Paulus, 2013; EG, 46.
[279] FRANCISCO, 2013; EG, 9.
[280] FRANCISCO, 2013; EG, 24.
[281] FRANCISCO, 2013; EG, 88.

É diante das relações novas geradas por Jesus Cristo, ou que tenham a centralidade da pessoa de Jesus Cristo, que se estabelece o sentido de sinodalidade como uma identidade e missão da Igreja. Como acentua o teólogo e professor Edelcio Ottaviani, uma relação de comunhão, fraternidade, amor e confiança em todas as instâncias eclesiais. Um modo de *ser, ver, sentir* e *pensar* que faz estender ao mundo esse mesmo espírito de sinodalidade traduzido num sentimento de pertença e de que habitamos em uma mesma casa comum.

Contudo, a compreensão de uma Igreja sinodal refere-se, antes de tudo, à natureza ontológica da Igreja, a um modo de *ser,* a um estilo de vida e missão, que implica a capacidade de viver juntos e de comunhão. Portanto, revela a iminente realidade de que é necessário voltar a sentir que precisamos uns dos outros, que temos uma responsabilidade para com os outros e o mundo: "com a sua presença física que interpela, com seus sofrimentos e suas reivindicações, com a sua alegria contagiosa permanecendo lado a lado"[282]. Assim, só poderemos falar de uma fraternidade universal quando, com base nas mais diversas instâncias eclesiais, formos capazes de ultrapassar as nossas "resistências interiores,"[283] e "superar as inimizades e a cuidar dos outros"[284]. Dessa forma, a sinodalidade nos provoca a construir uma grande família na qual todos nós podemos nos sentir em casa.[285] Onde toda a existência e o fundamento da vida social e eclesial são projetados na realização da fraternidade humana.[286]

Porém, ao exortar para que se reflita a sinodalidade ao interior da Igreja e sua missão no mundo, Francisco aponta para alguns desafios do mundo atual que necessitam de um discernimento evangélico, tais como: as consciências isoladas, o comodismo paralisante, a crise do compromisso comunitário, o indiferentismo, o relativismo, o subjetivismo e os pensamentos desligados da realidade. Algo que acredita como sendo um vazio deixado pelo racionalismo secularista.[287]

A sinodalidade reflete a intimidade da Igreja com Jesus, que é uma intimidade de comunhão, reciprocidade e participação: uma estrutura

---

[282] FRANCISCO, 2013; EG, 88.
[283] FRANCISCO, 2013; EG, 91.
[284] FRANCISCO. *Fratelli Tutti*. Sobre a fraternidade e amizade Social. São Paulo: Paulus, 2020; FT, 57.
[285] *Cf.* FRANCISCO, 2020; FT, 62.
[286] *Cf.* FRANCISCO, 2020; FT, 69.
[287] *Cf.* FRANCISCO, 2013; EG, 63.

propriamente trinitária, chave da nossa existência e realização.[288] Assim, a Igreja, com sua vocação de fidelidade a Jesus Cristo, compartilha com compaixão as esperanças e os sofrimentos da humanidade, contempla os sofrimentos e as esperanças de Cristo e nos convida a descobrir Jesus no rosto dos outros, na sua voz, nas suas reivindicações, e a aprender a sofrer em um abraço com Jesus crucificado.[289]

O convite à vivência para uma sinodalidade eclesial indica-nos o desafio de tentar ler a realidade em chave trinitária. Trata-se de assumir na própria existência e missão da Igreja aquele dinamismo que Deus imprimiu nela desde a sua criação: "toda realidade contém em si mesma uma marca propriamente trinitária"[290].

O Papa Francisco, contudo, ao refletir sobre a sinodalidade, o faz com base em um estatuto epistemológico que nos revela seu processo formativo e intelectual. O pensamento humanitário, pastoral e eclesial do atual pontífice sustenta-se em três âmbitos que esquematizam as linhas-mestras do seu pontificado no que tange à missão de pastorear, ensinar, confirmar e governar. São eles: *a teologia del pueblo, a filosofia da polaridade,* e *a teoria da oposição*. Os autores Juan Carlos Scannone e Massimo Borghesi ajudam-nos a compreender a base epistemológica do pensamento de Francisco.

A teologia *del pueblo* – teologia do povo – foi a teologia predominante na Argentina na década de 70. Ela tinha como lugar teológico o povo fiel. Um modo próprio de fazer teologia. Escreve o filósofo italiano Massimo Borghesi:

> O tema da piedade popular ultrapassa o da espiritualidade e se faz lugar teológico. A fé cristã do povo é um lugar teológico, lugar hermenêutico de uma fé vivida, "aculturada", A espiritualidade popular é cultura, nexo orgânico que liga, une todos os aspectos da existência.[291]

O coração do povo é a síntese vital das tensões da vida abraçada pelo Espírito, um lugar teológico. Nenhuma teoria, nenhum doutrinismo, principalmente ideológico, tem o direito de desprezar esse coração.[292] A fé do povo santo fiel, sua pureza, suas inquietações e seu modo de celebrar e

---

[288] *Cf.* FRANCISCO. *Laudato Si'*. Sobre o cuidado da casa comum. São Paulo: Paulus, 2015; LS, 240.
[289] *Cf.* FRANCISCO, 2015; EG, 91.
[290] FRANCISCO, 2015; LS, 239.
[291] BORGHESI, M. Jorge Mario Bergoglio: uma biografia intelectual. São Paulo: Vozes, 2018, p. 72.
[292] *Cf.* BORGHESI, 2018, p. 73.

viver revelam o humano e o divino, o espírito e o corpo, a comunhão e a instituição, a fé e a prática, a inteligência e o afeto.[293]

O teólogo argentino e professor de Jorge Mario Bergoglio, Juan Carlos Scannone, no artigo "Papa Francesco e la teologia del popolo", recorda-nos que a teologia do povo fiel utiliza-se da categoria de *povo, cultura popular* e *religiosidade popular* para compreender a inserção da Igreja no percurso histórico dos povos.[294] A manifestação de fé do povo, suas esperanças e reivindicações é um princípio hermenêutico determinante para desenvolver uma cultura do encontro que manifesta a presença do sagrado.[295]

A teologia *del pueblo* fiel desenvolve em Francisco a dinâmica da saída e do encontro: "sair da própria comodidade e ter a coragem de alcançar todas as periferias que precisam da luz do Evangelho".[296] Portanto, pensar um caminho de sinodalidade para a Igreja é, de certo modo, "entrar na vida diária dos outros, encurtar as distâncias, abaixar-se,"[297] uma postura que requer um renovado impulso para se dar.

Outro importante âmbito a considerar é a *filosofia da polaridade*. Algo de fundamental importância ao discernimento inaciano. Consiste em um percurso de discernimento e transposição analógica do existencial ao social, ou seja, da ideia à experiência, da lógica da existência e do discernimento pessoal à experiência comunitária e relacional.[298]

A filosofia da polaridade presente no pensamento de Francisco revela a passagem do polo da ideia ao da experiência em um momento dialético que, diversamente do hegeliano, não termina na síntese da razão, mas de um princípio superior dado pelo Deus sempre maior.[299] A síntese encontra sempre um encontro entre graça e natureza, Deus e homem, alteridade e liberdade.[300] Nessa compreensão, o cristão e a Igreja são chamados a serem lugar de unidade na divisão da história. Assim sendo, em perspectiva de sinodalidade, a Igreja em todas as suas instâncias deve decididamente, em

---

[293] *Cf.* BORGHESI, 2018, p. 72.
[294] *Cf.* SCANNONE, J. C. Papa Francesco e la Teologia del popolo. *La Civiltà Cattolica*, v. 3930, n. 165, 2014. p. 573.
[295] *Cf.* SCANNONE, 2014, p. 574-575.
[296] FRANCISCO, 2013; EG, 20.
[297] FRANCISCO, 2013; EG, 20.
[298] *Cf.* SCANNONE, J.C. A ética social do Papa Francisco: O Evangelho da misericórdia segundo o espírito do discernimento. *Cadernos de Teologia Pública*, ano XV, 135, v. 15, 2018, p. 14-16.
[299] *Cf.* SCANNONE, 2018, p. 79.
[300] *Cf.* SCANNONE, 2018, p. 79.

um processo de discernimento, construir consensos em uma harmonia pluriforme que faça resplandecer "o sentido da unidade profunda da realidade"[301].

A *teoria da oposição*, assumida pelo Papa Francisco, recebe fortes influxos do filósofo e teólogo Romano Guardini.[302] Nela está a intenção de superar os contrastes profundos de uma realidade que pode emergir em condições opostas, mas não necessariamente em situação contraditória, como as seguintes tensões polares: *tempo e momento, ideia e realidade, globalização e localização*.[303] Realidades que apontam para polos distintos, aquilo que torna móvel e dinâmica a sua unidade, mas não contraditória. A contradição, como aquela entre bem e mal, obriga ao contraditório, a uma decisão, a uma escolha: "o mal não é contrapolo do bem, como quer a gnose; é sua negação"[304].

A teoria da oposição contribuiu para a elaboração dos critérios sociais da exortação apostólica *Evangelii Gaudium*, que evidenciam quatro princípios relacionados com tensões bipolares próprias de toda a realidade social. Princípios esses que servem de parâmetro de referência para interpretação do desenvolvimento da sinodalidade como a construção de um povo e de uma Igreja cujas diferenças se harmonizam dentro de um projeto comum. Apresentaremos esses princípios à luz da exortação apostólica *Evangelii Gaudium*, considerando-os fundamentais para uma Igreja em estado permanente de sinodalidade.

2. Os quatro princípios para um estado permanente de sinodalidade

Na exortação apostólica *Evangelii Gaudium*, o Papa Francisco apresenta-nos quatro critérios que, a seu juízo, devem promover o bem comum e a paz social. Esses critérios estão relacionados com tensões bipolares próprias. Percebe-se, no entanto, a influência do pensamento de Romano Guardini.

No ano 1986, Bergoglio esteve na Alemanha para recolher materiais sobre Romano Guardini. Supõe-se que a seção que trata dos critérios sociais na *Evangelii Gaudium* é tirada da tese de doutorado, não concluída, sobre Guardini.[305]

---
[301] FRANCISCO, 2013; EG, 226.
[302] *Cf.* BORGHESI, 2018, p. 110.
[303] *Cf.* BORGHESI, 2018, p. 126.
[304] BORGHESI, 2018, p. 114.
[305] *Cf.* BORGHESI, 2018, p. 112.

Na exortação apostólica, Francisco desenvolve quatro critérios: *1) o tempo é superior ao espaço; 2) a unidade prevalece sobre o conflito; 3) a realidade é mais importante que a ideia;* e *4) o todo é superior à parte.*

Vejamos como esses princípios diante de tensões próprias da realidade social e eclesial podem desenvolver uma harmonia pluriforme compreendida como um caminho de sinodalidade "capaz de entrar na comunhão perfeita da Santíssima Trindade, em que tudo encontra a sua unidade"[306].

2.1 O tempo é superior ao espaço

Existe uma tensão bipolar entre a plenitude e o limite. A plenitude gera a vontade de possuir tudo, e o limite é o muro que nos aparece pela frente. Afirmar que o tempo é superior ao espaço significa dar prioridade ao tempo. É ocupar-se mais com "iniciar processos do que possuir espaços"[307]. Esse princípio permite trabalhar em longo prazo, sem obsessão pelos resultados imediatos, midiáticos e espetaculosos.

Trata-se de privilegiar ações que geram novos dinamismos na sociedade e na Igreja, sem preocupar-se em obter resultados imediatos que produzam ganhos políticos fáceis, rápidos e efêmeros.[308]

Para um Igreja em estado permanente de sinodalidade, priorizar o tempo significa não se deixar conduzir pela cultura dominante que ocupa o primeiro lugar, "aquilo que é exterior, imediato, visível, rápido superficial e provisório"[309], em que o real cede lugar à aparência e o ético ao estético.

O tempo, a serenidade e a paciência devem amadurecer projetos comprometidos com a plenitude da existência humana, mais preocupados com ações que frutificarão acontecimentos históricos que se render a modismos provisórios e a espaços de poder e autoafirmação.[310]

Em um planejamento pastoral de conjuntura o tempo supera o imediatismo. Não se pode oferecer soluções rápidas para as profundas angústias da humanidade. Dar tempo e priorizar o tempo é, de certo modo, contrapor-se a um modelo de sociedade centrado na pressa, no consumo, na produção, no descartável e consequentemente na indiferença. Investir no tempo, mais

---

[306] FRANCISCO, 2013; EG, 117.
[307] FRANCISCO, 2013; EG, 223.
[308] FRANCISCO, 2013; EG, 224.
[309] FRANCISCO, 2013; EG, 62.
[310] *Cf.* FRANCISCO, 2013; EG, 223.

que se preocupar em ocupar espaços, significa priorizar projetos comuns que vão além dos desejos pessoais e de autoafirmação. É acompanhar a humanidade em todos os seus processos, por mais duros e demorados que sejam.[311] "Conhecer as longas esperas e a suportacão apostólica".[312]

A sinodalidade requer paciência, tempo e esperança para alcançar resultados fecundos. "Cuida do trigo e não perde a paz por causa do joio".[313]

2.2 A unidade prevalece sobre o conflito

A unidade é uma expressão da sinodalidade. É onde se constrói a comunhão e a harmonia do povo de Deus e da Igreja. Unidade que não quer dizer uniformidade, mas multiforme harmonia que atrai.[314]

Ao afirmar que a unidade prevalece sobre o conflito dentro de uma proposta de sinodalidade, significa tornar possível uma comunhão nas diferenças capaz de ultrapassar a superfície conflitual e considerar o outro na sua dignidade mais profunda.[315]

A presença do conflito é inevitável nas relações sociais e institucionais. Ele aparece também nas mais diversas instâncias eclesiais. O conflito não pode ser ignorado, dissimulado ou camuflado; ao contrário, precisa ser identificado, aceito, suportado, resolvido e transformado em um elo de ligação de um novo processo.[316]

Dado que o conflito é uma realidade fragmentada, optar pela superação do conflito significa buscar o sentido da unidade profunda da realidade.

A unidade requer esforço e exigência. Pois nela está o empenho para harmonizar todas as diversidades. Ou seja, superar qualquer conflito em uma nova e promissora síntese. Síntese que se justifica num processo de reconciliação que faz surgir "uma diversidade reconciliada"[317].

O caminho de sinodalidade é um caminho de reconciliação. "Somente pessoas magnânimas têm a coragem de ultrapassar a superfície conflitual"[318]. É o esforço empreendido para superar as tensões de realidades multiface-

---

[311] *Cf.* FRANCISCO, 2013; EG, 24.
[312] FRANCISCO, 2013; EG, 24.
[313] FRANCISCO, 2013; EG, 24.
[314] *Cf.* FRANCISCO, 2013; EG, 117.
[315] *Cf.* FRANCISCO, 2013; EG, 228.
[316] *Cf.* FRANCISCO, 2013; EG, 228.
[317] FRANCISCO, 2013; EG, 230.
[318] FRANCISCO, 2013; EG, 228.

tadas. No entanto, para que a unidade prevaleça sobre o conflito é preciso que os atores sociais não sejam omissos diante do conflito, nem se tornem prisioneiros dele.

A sinodalidade revela que a diversidade não é uma ameaça para a unidade da Igreja, mas uma síntese que tem um conteúdo transcultural capaz de selar uma espécie de "pacto cultural"[319] que faça prevalecer um projeto comum, "fazendo da integração um fator de progresso"[320] e de reconhecimento do outro.

2.3 A realidade é mais importante que a ideia

Afirmar que a realidade é mais importante que a ideia em perspectiva de uma Igreja sinodal significa afirmar que a ideia desligada da realidade dá origem a "idealismos e nominalismos ineficazes"[321]. É quando a ideia, e com ela a Igreja, corre o risco de separar-se da realidade: "é perigoso viver no reino só da palavra, da imagem, do sofismo"[322].

Em uma proposta de sinodalidade, esse critério está ligado à encarnação da Palavra e ao seu cumprimento: "ir à frente, tomar a iniciativa sem medo, ir ao encontro, procurar os afastados, e chegar às encruzilhadas dos caminhos para convidar os excluídos"[323].

Assumir que a realidade é mais importante que a ideia é, também, um modo de evitar várias formas de ocultar a realidade e desvincular-se do compromisso de uma Igreja em estado permanente de missão, tal como: os purismos angélicos, os totalitarismos do relativismo, os projetos mais formais que reais – como aqueles que estão mais preocupados em ocupar espaços que criar um novo dinamismo –, os fundamentalismos anti-históricos, os eticismos sem bondade, os intelectualismos sem sabedoria.[324]

Uma Igreja em estado permanente de sinodalidade tem o desafio de pôr em prática a Palavra, realizar obras de justiça e de caridade nas quais se torne fecunda essa Palavra. Alia-se o testemunho de vida, para que no reino de puras ideias não se caia no risco das ideologias ou na fé de retórica.

---

[319] FRANCISCO, 2013; EG, 230.
[320] FRANCISCO, 2013; EG, 210.
[321] FRANCISCO, 2013; EG, 232.
[322] *Cf.* FRANCISCO, 2013; EG, 231.
[323] FRANCISCO, 2013; EG, 24.
[324] *Cf.* FRANCISCO, 2013; EG, 231.

A sinodalidade assume um compromisso com a realidade. Despojada do "excesso de diagnósticos que nem sempre é acompanhado por propostas resolutivas e realmente aplicáveis"[325], inaugura um novo tempo que oferece linhas de um discernimento evangélico diante dos desafios do mundo atual que afetam a vida e a dignidade do povo de Deus.

É preciso recordar que ao início do ser cristão não há uma decisão ética ou uma grande ideia, mas o encontro com um acontecimento, com uma Pessoa que dá à vida um novo horizonte e, dessa forma, o rumo decisivo.[326]

2.4 O todo é superior à parte

Afirmar que o todo é superior à parte consiste em assumir a ideia de que há uma tensão entre globalização e localização. A primeira é que os cidadãos vivem em um universalismo abstrato e globalizante, e a segunda é um localismo condenado a repetir sempre as mesmas coisas.[327]

No entanto, priorizar o todo significa que não se deve viver demasiadamente obcecado por questões limitadas e particulares. É preciso alargar sempre o olhar para reconhecer um bem maior que trará benefício a todos. A preocupação com o todo está diretamente ligada com o princípio de bem comum. É preciso prestar atenção à dimensão global para não cair em uma mesquinha cotidianidade. Ao mesmo tempo, convém não perder de vista o que é local, o que nos faz caminhar com os pés na terra.[328]

Na encíclica *Fratelli Tutti*, o Papa Francisco recorda-nos que é preciso olhar para o global, que nos resgata da mesquinhez caseira.[329] Trabalha-se no pequeno, no que está próximo, mas com uma perspectiva mais ampla.[330]

Um caminho de sinodalidade deve ter como horizonte o bem comum, o todo, "que é mais do que a parte, sendo também mais do que simples soma delas"[331]. Deve ser um estímulo ao desenvolvimento: à totalidade das pessoas em uma sociedade, e na Igreja, um bem comum que verdadeiramente incorpore todos.[332]

---

[325] FRANCISCO, 2013; EG, 50.
[326] *Cf.* BENTO XVI. *Deus catitas est*. São Paulo: Paulus, 1006, 98, 2009.
[327] *Cf.* FRANCISCO, 2013; EG, 234.
[328] *Cf.* FRANCISCO, 2020; FT, 142.
[329] *Cf.* FRANCISCO, 2020; FT, 142.
[330] *Cf.* FRANCISCO, 2013; EG, 235.
[331] FRANCISCO, 2013; EG, 235.
[332] *Cf.* FRANCISCO, 2013; EG, 236.

A sinodalidade, ao priorizar a dimensão do todo em relação à parte, reafirma o princípio de bem comum que pressupõe o respeito pela pessoa humana como tal, com direitos fundamentais e inalienáveis orientados para o desenvolvimento integral.[333] Exige também os dispositivos de bem-estar e segurança social, e o desenvolvimento dos vários grupos intermediários, aplicando o princípio da subsidiariedade.[334] Em síntese, faz avançar o bem em direção a todos.

3. Sinodalidade como harmonia pluriforme

A proposta da sinodalidade é muito mais que um enunciado ou um *slogan* de ação pastoral. Ela contém uma fundamentação teológica e um perfil eclesiológico que revela ontologicamente o modo de *ser* da Igreja. Refletir sobre uma Igreja em estado permanente de sinodalidade é refletir sobre a natureza da Igreja e suas consequências. Ou seja, sua ação e missão no mundo.

À luz da exortação apostólica *Evangelii Gaudium* é possível evidenciar quatro princípios que identificam a proposta da construção de um povo e de um modelo de Igreja cujas diferenças se harmonizam dentro de um projeto comum. Trata-se de quatro princípios que clarificam a ação pastoral da Igreja dentro de uma proposta de conjuntura sinodal. São eles: tempo, unidade, realidade e todo. Princípios que, como já mencionamos, podem estar sujeitos às tensões e oposições bipolares próprias da história e do tempo: espaço, conflito, ideia, parte.

O Papa Francisco tem insistido na sinodalidade como um caminho de inclusão, participação e comunhão. Uma Igreja com rosto misericordioso, com as portas abertas, sem muros e alfândegas pastorais, em direção aos outros para chegar às periferias humanas. Na compreensão de sinodalidade de Francisco está a preocupação em resgatar "quem ficou caído à beira do caminho,"[335] romper com a frieza de uma porta fechada que guarda estruturas "que nos dão falsas proteção"[336].

Uma Igreja sinodal não é uma Igreja que corre pelo mundo sem direção nem sentido. Muito menos uma Igreja que esconde a sua iden-

---

[333] *Cf.* FRANCISCO, 2015; LS, 157.
[334] *Cf.* FRANCISCO, 2015; LS, 157.
[335] FRANCISCO, 2013; EG, 46.
[336] FRANCISCO, 2013; EG, 46.

tidade, ou ainda com o intuito de aparentar-se progressista e inserida no mundo, relativizar a vida diante de uma cultura de morte. A sinodalidade deve reconhecer "o valor inviolável de qualquer vida humana em qualquer situação e em cada etapa do seu desenvolvimento"[337].

Portanto, reconhecer a natureza sinodal da Igreja e assumir um projeto de sinodalidade é, antes de tudo, abrir-se a uma pneumologia de unidade da Igreja. Escreve Francisco:

> É o Espírito Santo, enviado pelo Pai e pelo Filho, que transforma os nossos corações e nos torna capazes de entrar na comunhão perfeita da Santíssima Trindade, em que tudo encontrará a sua unidade. O Espírito Santo constrói a comunhão e a harmonia do povo de Deus. Ele mesmo é harmonia, tal como é o vínculo de amor entre o Pai e o Filho. É Ele que suscita uma abundante e diversificada riqueza de dons e, ao mesmo tempo, constrói uma unidade que nunca é uniformidade, mas multiforme harmonia que atrai.[338]

A sinodalidade deve ser o modo de comunicar o vínculo de amor entre o Pai e o Filho na vida e missão da Igreja. Reconhecer as múltiplas riquezas que o Espírito gera na Igreja é, portanto, acolhê-las, ouvi-las, inseri-las e favorecê-las para que tenham voz nos espaços eclesiais. Trata-se de dar ao Espírito Santo o protagonismo das relações que movem a vida e a missão da Igreja.

Na sinodalidade está o mistério da redenção de Cristo, por isso o espírito sinodal pertence à nossa essência. Recusá-lo seria como recusar uma série inumerável de relações constantes que secretamente se entrelaçam. Sobre essa condição relacional escreve o Papa Francisco: "As Pessoas divinas são relações subsistente; e o mundo criado segundo o modelo divino, é uma trama de relações"[339].

Relações que, para Francisco, dentro de um projeto de harmonia pluriforme, devem avançar para a construção de um povo e de uma Igreja em paz, justiça e caridade. Em que o caminhar junto identifique no mundo o *modo de ser* Igreja.

Pastoralmente, para expressar essa harmonia pluriforme, como uma das compreensões de uma Igreja sinodal, Francisco utiliza-se da ideia de

---

[337] FRANCISCO, 2013; EG, 213.
[338] FRANCISCO, 2013; EG, 117.
[339] FRANCISCO, 2015; LS, 240.

um poliedro: "O modelo é o poliedro, que reflete a confluência de todas as partes que nele mantém a sua originalidade"[340].

Ou seja, todas as instâncias eclesiais, e todas as parcelas do povo de Deus, incluindo movimentos, associações, pastorais, comunidades de vida, congregações e ordens, devem reunir nesse poliedro o melhor de cada um. Ainda para essa confluência, que não deve deixar ninguém para trás, deve haver espaço a todas as pessoas de boa vontade, que pela mensagem transcultural que o cristianismo carrega possam acessar uma reserva moral que guarda valores de autêntico humanismo cristão.

Por fim, a sinodalidade compreendida pastoralmente como o modelo de um poliedro resulta uma harmonia pluriforme. Um processo que recolhe a diversidade em uma constante reconciliação, "até selar uma espécie de um pacto cultural"[341]. Pacto esse que é fruto de uma diversidade reconciliada, e que nos convida "à revolução da ternura,"[342] e consequentemente ao maior "acolhimento público"[343].

Em uma Igreja sinodal somos convocados a caminhar juntos. A não deixar ninguém para trás. A viver uma horizontalidade nas relações que aponte para uma fraternidade universal.[344] É preciso reconhecer a alegria e o privilégio de ser parte do povo de Deus, e permitir que o Espírito Santo seja o protagonista da realidade sinodal: ele constrói a comunhão e harmonia do povo de Deus, assim como ele mesmo é harmonia e vínculo de amor entre o Pai e o Filho.

Conclusão

O Papa Francisco tem insistido em seus pronunciamentos que o tema da sinodalidade não é o capítulo de um tratado de eclesiologia, muito menos uma moda, um *slogan* ou o novo termo a ser usado ou instrumentalizado nas esferas eclesiais. Pelo contrário, compreende que a sinodalidade expressa a natureza da Igreja, a sua forma, o seu estilo e a sua missão. Portanto, é a própria vocação, seu modo de *Ser* que reveste essencialmente seu estado permanente de missão: abaixar-se, encurtar distâncias, doar-se, evangelizar e evangelizar-se. A sinodalidade é uma constante renovação eclesial.

---

[340] FRANCISCO, 2013; EG, 236.
[341] FRANCISCO, 2013; EG, 236.
[342] FRANCISCO, 2013; EG, 88.
[343] FRANCISCO, 2013; EG, 56.
[344] *Cf.* FRANCISCO, 2015; LS, 228.

Nesse horizonte surge a proposta de compreendermos a sinodalidade à luz dos princípios pastorais contidos na exortação apostólica *Evangelii Gaudium*, mais especificamente na seção que trata do bem comum e da paz social.

A sinodalidade extraída da *Evangelii Gaudium* apresenta a proposta de uma harmonia pluriforme, que é resultado de um processo de reconciliação que faz surgir uma diversidade reconciliada.

Contudo, a diversidade reconciliada é a síntese operada pelo Espírito que harmoniza todas as diversidades. Um caminho de unidade construído não a partir de consensos de gabinetes e escritórios, mas por um esforço comunitário em desenvolver uma comunhão nas diferenças com coragem para superar a superfície conflitual e os interesses particulares.

A sinodalidade como harmonia pluriforme, e na figura simbólica de um poliedro, é o resultado de um *"caminhar juntos"*, que expressa a natureza da Igreja e seu modo de agir no mundo: não deixar ninguém para trás, cuidar dos mais frágeis, fazer da integração um fator de progresso, fomentar a participação, sentir-se povo (membro, parte, necessário), estabelecer relações horizontais de comunhão, fraternidade, amizade e romper com práticas verticais de imposição, domínio e subordinação.

Para uma Igreja sinodal e para uma pastoral que busca vivenciar um estado permanente de sinodalidade, a exortação apostólica *Evangelii Gaudium* oferece quatro princípios pastorais: *o tempo é superior ao espaço; a unidade prevalece sobre o conflito; a realidade é mais importante que a ideia; e o todo é superior à parte.*

Esses princípios revelam realidades e tensões próprias dos desafios da contemporaneidade. Com eles estão também os desafios e as tensões de toda a estrutura eclesial que afeta a Igreja e a caminhada do povo de Deus.

A invocada "conversão pastoral"[345], feita pelo Papa Francisco a toda a Igreja, é um convite para que a instituição e todos os agentes de pastorais, em todas as suas instâncias, à luz do Espírito Santo, adotem práticas mais comunicativas, abertas, participativas, e sem medo do debate. Afinal, sendo o Espírito Santo o protagonista da sinodalidade, suas novidades e surpresas não ameaçam a unidade da Igreja. A ortodoxia estará sempre preservada.

---

[345] FRANCISCO, 2013; EG, 27.

REFERÊNCIAS

BENTO XVI. *Deus catitas est*. Paulus: São Paulo, 2005.

BOFF, L. *Francisco de Assis e Francisco de Roma*: uma nova primavera na Igreja. Rio de Janeiro: Mar de ideias, 2014.

BORGHESI, M. *Jorge Mario Bergoglio*: uma biografia intelectual. São Paulo: Vozes, 2018.

FRANCISCO. *Carta Evangelii Gaudium*. Sobre a alegria do Evangelho. São Paulo: Paulus, 2013.

FRANCISCO. *Fratelli Tutti*. Sobre a fraternidade e amizade Social. São Paulo: Paulus, 2020.

FRANCISCO. *Laudato Si'*. Sobre o cuidado da casa comum. São Paulo: Paulus, 2015.

OTTAVIANI, E. Apontamentos sobre o pontificado do papa Francisco. *Vida Pastoral*, v. 58, n. 316, 2017.

SCANNONE, J. C. Papa Francesco e la Teologia del popolo. *La Civiltà Cattolica*, v. 3930, n. 165, 2014.

SCANNONE, J. C. A ética social do Papa Francisco: o Evangelho da misericórdia segundo o espírito do discernimento. *Cadernos de Teologia Pública*, ano XV, v. 15, n. 135, 2018.

CAPÍTULO VII

INDICADORES COMPORTAMENTAIS DE CUIDADO: PARÂMETROS REFERENCIAIS PARA UM PACTO SOCIAL DE CUIDADO[346]

Na Carta Encíclica *Laudato Si'*, sobre o Cuidado da Casa Comum, o Papa Francisco afirma que uma ciência que pretenda oferecer soluções para os grandes problemas da humanidade deveria, necessariamente, ter em conta tudo o que o conhecimento gerou nas diversas áreas do saber, incluindo a filosofia e a ética social (*Cf.* LS, n. 110). O pontífice avança na proposta de um método de estudo e pesquisa que privilegie o diálogo como forma de encontro (*Cf.* EG, n. 239), ou seja, na adoção de um estatuto epistemológico de pesquisa que coloque em diálogo as diferentes áreas do saber, favorecendo a transdisciplinaridade do conhecimento. À luz desse referenciamento metodológico, e de uma pesquisa bibliográfica, exploratória e de natureza qualitativa, que converge para o *modelo do poliedro* (confluência de saberes mantendo sua originalidade, *Cf.* EG, n. 236), emerge o objeto de estudo da presente pesquisa: a definição de indicadores comportamentais de cuidado fundamentados com base na filosofia do cuidado. Uma pesquisa transdisciplinar que coloca em diálogo a primariedade ontológica do cuidado, na filosofia de Martin Heidegger, e a ética do cuidado, no pensamento das filósofas italianas Luigia Mortari e Elena Pulcini.

Introdução

O presente artigo consiste em fundamentar um conjunto de indicadores comportamentais de cuidado elaborado com base em um estatuto epistemológico transdisciplinar que coloca em diálogo diferentes áreas do conhecimento humano, tais como a filosofia, a ética social, a teologia e as ciências humanas. Uma proposta metodológica de diálogo entre as ciências naturais e as ciências empíricas, com o intuito de superar um olhar frag-

---

[346] Artigo comunicado e publicado no V Encontro de Pesquisa da Faculdade Jesuíta de Filosofia e Teologia (Faje), em Minas Gerais, em 10 de agosto de 2023.

mentado sobre os saberes que tendem a perder o sentido da totalidade da realidade e se converter em isolamento e absolutização de determinado saber.

Dentro desse desafio, situa-se a proposta de reconhecer verdadeiros horizontes éticos de referência capazes de contrapor as raízes mais profundas dos desequilíbrios atuais (crises) e apontar indicadores sociais de cuidado com a finalidade de repensar e reformular atitudes e paradigmas de ação que provocam degradações ambiental e social.

Contudo, indicadores são, por essência, informações que permitem descrever, mensurar, classificar, ordenar, quantificar, e, quando necessário, comparar aspectos de determinada realidade. Quando orientados à fenomenologia do cuidado, indicam métricas de referência para o desenvolvimento de uma cultura capaz de suscitar maior acolhimento público e uma ética propícia à convivência social.

Metodologicamente, o trabalho está estruturado em quatro tópicos: (1) *Estatuto epistemológico: o diálogo como confluência de saberes*; (2) *A filosofia do cuidado*; (3) *Cuidado e desafios hodiernos*; e (4) *Indicadores de cuidado*.

A referente estrutura corresponde a uma pesquisa bibliográfica exploratória de natureza qualitativa, cujo objeto de estudo é definir indicadores sociais de cuidado e sua aplicação concreta diante dos grandes desafios da sociedade pós-moderna.

1. Estatuto epistemológico: o diálogo como confluência de saberes

No ano 2015, o Papa Francisco publicou a Carta Encíclica Social *Laudato Si'* – Sobre o Cuidado da Casa Comum –, um documento que alerta para a preocupação socioeclesial à deterioração da qualidade de vida humana e aos efeitos da degradação social e ambiental. O documento eclesial, popularmente chamado de "Encíclica Verde", ultrapassou os muros confessionais e ganhou atenção e respaldo da sociedade civil. Atendo-se à preocupação com a vida planetária e a adoção de um modelo de desenvolvimento sustentável, integral e solidário – *ecologia social* –, a carta encíclica reafirma a importância para um paradigma de ação em que o diálogo é assumido como método para a reconciliação dos saberes e a superação dos conflitos. Em suma, uma abordagem que alarga a percepção e a compreensão das realidades impostas. Afirma o Papa Francisco:

> A fragmentação do saber realiza a sua função no momento de se obter aplicações concretas, mas frequentemente leva a

perder o sentido da totalidade, das relações que existem entre as coisas, do horizonte alargado: um sentido, que se torna irrelevante. Isto impede de individuar caminhos adequados para resolver os problemas mais complexos do mundo atual, sobretudo os do meio ambiente e dos pobres, que não se podem enfrentar a partir de uma única perspectiva nem de um único tipo de interesses. Uma ciência, que pretenda oferecer soluções para os grandes problemas, deveria necessariamente ter em conta tudo o que o conhecimento gerou nas outras áreas do saber, incluindo a filosofia e a ética social. Mas este é atualmente um procedimento difícil de seguir (FRANCISCO, 2013, p. 71).

Nessa ótica, o diálogo é compreendido como um método exploratório capaz de confrontar diferentes perspectivas sobre o objeto em estudo. "O diálogo é, antes de tudo, um método humano" (PETRINI, 2021, p. 32). Uma abordagem que olha para as tensões entre os dois polos de um acidente "não como algo em que uma tensão anula a outra, mas como algo que é superado em um nível mais alto" (PETRINI, 2021, p. 32). Não se trata, com isso, de achatar as diferenças e potencializar os conflitos, tampouco ignorá-los ou dissimulá-los, ao contrário: de reconhecê-los, assumi-los, resolvê-los e transformá-los em "elos de ligação de um novo processo" (FRANCISCO, 2013, p. 131) em perspectiva de um bem maior. Ou seja, significa empreender esforços em direção a um paradigma relacional capaz de transformar espaços de desintegração, desordem e conflito em espaços de integração, concórdia e cooperação.

O diálogo como método, portanto, ativa um processo de reconciliação entre os saberes ao passo de selar uma espécie de "pacto cultural" (FRANCISCO, 2013, p. 132) que faz surgir uma "diversidade reconciliada" (FRANCISCO, 2013, p. 132). Um momento dialógico que alarga os horizontes sobre determinadas realidades e/ou objetos e favorece uma visão conjuntural em que "o todo é mais do que a parte" (FRANCISCO, 2013, p. 133).

Quando o diálogo é empregado como método para busca da construção de consensos e acordos, tem-se por resultado um pacto social transdisciplinar que faz da cooperação e da "integração um novo fator de progresso" (FRANCISCO, 2013, p. 125).

Diante do desafio de ampliar perspectivas e dar fundamentos sólidos aos diagnósticos e planos de trabalho a que se propõe, fornecer soluções para os grandes desafios da sociedade pós-moderna se revela um procedimento "difícil de seguir" (FRANCISCO, 2015, p. 71), como aquele de considerar a multiplicidade de contribuições interdisciplinares que fomentam uma hermenêutica profunda sobre a realidade.

Antonio Maria Baggio, filósofo italiano, ressalta a necessidade de um sólido estatuto epistemológico de Ética Social para encontrar as normas objetivas da moralidade humana que regulam não somente a vida individual, mas também a social e comunitária (BAGGIO, 2005, p. 24). Para Baggio, as ciências positivas, especialmente as ciências sociais, devem se colocar em diálogo com as ciências funcionais e técnicas para projetar aspectos éticos da vida sem descuidar-se dos aspectos técnicos dos problemas, para julgá--los com critérios morais (BAGGIO, 2005, p. 24-25). A essa perspectiva soma-se a confluência de saberes, como sugere o Papa Francisco, incluindo a contribuição da filosofia e da ética social, para apontar princípios permanentes de reflexão, valores fundamentais, critérios de juízo e diretrizes de ações para um verdadeiro bem que incorpore todos.

Contudo, o diálogo como confluência de saberes é a proposta de um itinerário de pesquisa e ação que, à luz da reta razão, assume uma perspectiva hermenêutica profunda e transdisciplinar que englobe o transcendente, o humano e suas relações sociopolítico-ambientais. Nesse sentido, tudo está interligado e em diálogo! Cabe-nos, portanto, empreender esforços para fazer do diálogo um método propício para o encontro e para a superação dos conflitos.

2. A filosofia do cuidado

Martin Heidegger (1889-1976) é, certamente, um dos expoentes mais relevantes do existencialismo contemporâneo. Em 1927, escreveu a obra *Ser e tempo*, considerada uma obra-manifesto da corrente existencialista. Nela, Heidegger revela o intuito de construir uma ontologia que avance sobre a compreensão do *ser* e ressalte o primado ontológico do homem em relação a outros entes.

Na filosofia existencialista de Martin Heidegger, ressona a capacidade cognitiva do homem de interrogar-se sobre seu próprio *modo de ser*, e, com isso, descobrir-se como parte de um conjunto de possibilidades (*ser-com*) que o revela em seu *modo de ser* no mundo. Para Heidegger, a natureza humana é, antes de tudo, um ente capaz de interrogar-se, e, com isso, tem a possibilidade de entrar em diálogo. O diálogo, nessa perspectiva existencial, revela a condição utópica do homem: capacidade de transcender, sair de si, entrar em relação, e descobrir-se e/ou reconhecer-se diante de realidades exteriores.

A existência como realidade relacional-dialogal permite ao ser humano um estado permanente de construção (espaço dialógico) que vai atuando e atualizando-se na História. Em termos construtivistas, um precioso projeto humano que não cessa de reconhecer a si mesmo em maneira autêntica, e, inclusive, de desnudar-se em suas debilidades, fragilidades e limites que revelam as feridas da realidade de existir.

Visto no seu concreto e cotidiano existir, o ser humano é, para Heidegger, um *ser no mundo*, que a assume a forma de cuidado para realizar o seu projeto de existência. Para melhor entender essa concepção – que correlaciona abertura, relação, diálogo e debilidades que estruturam o *ser com* (o humano) –, recorremos à antiga fábula de Higino sobre o cuidado, abordada por Heidegger, na obra *Ser e tempo*:

> Certo dia, ao atravessar um rio, Cuidado viu um pedaço de barro. Logo teve uma ideia inspirada. Tomou um pouco de barro e começou a dar-lhe forma. Enquanto contemplava o que havia feito, apareceu Júpiter. Cuidado pediu-lhe que soprasse espírito nele. O que Júpiter fez de bom grado. Quando, porém, Cuidado quis dar um nome à criatura que havia moldado, Júpiter o proibiu. Exigiu que fosse imposto o seu nome. Enquanto Júpiter e o Cuidado discutiam, surgiu, de repente, a Terra. Quis também ela conferir o seu nome à criatura, pois fora feita de barro, material do corpo da terra. Originou-se então uma discussão generalizada. De comum acordo, pediram a Saturno que funcionasse como árbitro. Este tomou a seguinte decisão que pareceu justa: "Você, Júpiter, deu-lhe o espírito; receberá, pois, de volta este espírito por ocasião da morte dessa criatura. Você, Terra, deu-lhe o corpo; receberá, portanto, também de volta o seu corpo quando essa criatura morrer. Mas como você, Cuidado, foi quem, por primeiro, moldou a criatura, ficará sob seus cuidados enquanto ela viver. E uma vez que entre vocês há acalorada discussão acerca do nome, decido eu: esta criatura será chamada Homem, isto é, feita de húmus, que significa "terra fértil" (HEIDEGGER, 2023, p. 266).

Para Heidegger, o cuidado é uma constituição ontológica que deve ser entendia na linha da essência humana, ou seja, de uma maneira do próprio *ser* de estruturar-se e dar-se a conhecer. Um fenômeno ontológico-existencial-básico subjacente a tudo o que o ser humano empreende, projeta e cria. É a base possibilitadora da existência humana!

Na obra *Ser e tempo*, mais especificamente no capítulo que aborda *o cuidado como o ser da presença*, Heidegger define o cuidado como uma constituição ontológica que entra na definição essencial do ser humano e estrutura a sua prática (HEIDEGGER, 2023, p. 246-303). O cuidado é, portanto, o fundamento para qualquer interpretação sobre o ser humano. Sem a dimensão do cuidado, o humano deixa de ser humano: dá-se o processo de desumanização.

A natureza do cuidado, portanto, revela um *modo de ser* e de estar presente no mundo. E o cuidado se encontra na raiz primeira do ser humano, antes que ele faça qualquer coisa, e tudo o que ele faça sempre estará presente na realidade do cuidado. O cuidado está presente em tudo!

Seguindo a linha interpretativa de Martin Heidegger, o cuidado é algo irrenunciável à natureza humana e está enraizado em sua essência. Faz parte de seu modo de estar no mundo: *modo de ser cuidado*. Contudo, desconsiderar a dimensão do cuidado, ignorá-lo ou limitá-lo é, consequentemente, um modo de fragilizar a existência humana e suas humanas relações. Por isso, há a necessidade de descrever uma fenomenologia do cuidado que possibilite clarificar como o cuidado torna-se um fenômeno à consciência humana, e revela-se em nossa experiência, moldando a nossa prática. É quando conseguimos, nesse sentido, definir juízos de valor e critérios de ação que nos permitam agir em perspectiva do cuidado e em consonância com a natureza humana, a fim de atingirmos uma ética do cuidado.

Refiro-me, neste ponto, à importância de compreendermos como o cuidado se dá a conhecer, para além da dimensão ontológica, desdobrando-se em um conjunto de ações que favoreçam a convivência social e protejam o modo de ser singular do homem e da mulher diante de algumas realidades hodiernas que causam desintegração, deterioração e degradação das relações sociais e ambientais. Trago em evidência a necessidade de colocar em diálogo as ciências naturais (filosofia, teologia) com os dados que provêm das ciências sociais, para apontar caminhos e propor soluções aos problemas que afetam a vida e a dignidade do ser humano. Soluções que nem mesmo o mais alto paradigma tecnocrático, a nanotecnologia e a inteligência artificial conseguem oferecer, tais como: a insegurança, o medo, a depressão, a violência, a vulnerabilidade social, entre outros.

A filosofia do cuidado, no entanto, requer uma fenomenologia do cuidado que evidencie o *modo de ser cuidado*. E isso quer dizer a adoção de um modelo racional, compreensível e inteligível à consciência humana que permita descrever formalmente em gestos, práticas e métricas como o cuidado torna-se perceptível no ordinário da vida. Heidegger atribui um duplo sentido ao cuidado: *cuidado como procura* (a capacidade do ser humano de refletir e se identificar como um ser de cuidado) e *cuidado como dedicação* (a capacidade do ser humano de agir em perspectiva do cuidado) (HEIDEGGER, 1975, p. 317).

Ao passo que reconhecemos o *modo de Ser cuidado* como característica singular do ser humano, é preciso avançar na compreensão de que o cuidado está presente em tudo o que ele projeta e faz, e de que o cuidado é um dos fundamentos que estrutura um modelo social favorável à convivência humana e ao acolhimento público. Para tal, a concepção do cuidado deve influir na esfera pública, mais especificamente em processos decisórios, como na elaboração, na implantação e na avaliação de políticas públicas, e, ainda, na concepção de modelos desenvolvimentistas com o intuito de evitar o risco de se formularem e se edificarem diagnósticos de gabinetes, mais formais que reais, concebidos de costas ao cuidado, e, consequentemente, de costas para o humano.

Contudo, não nos parece uma opção progressista pretender resolver os problemas que afetam a humanidade desconsiderando a centralidade e o valor supremo da pessoa humana em todas as fases de sua existência. Em linhas heideggerianas, não é opção progressista pretender resolver os problemas que afetam a humanidade desconsiderando a dimensão do cuidado. O cuidado é o fundamento para qualquer interpretação do ser humano e de tudo o que dele decorre, por isso o cuidado nos provoca a refletir sobre a totalidade das pessoas em uma sociedade que procura um bem comum que verdadeiramente incorpore todos.

Diante da proposta de fornecer bases sólidas para uma compreensão mais profunda sobre o *ser*, resulta a filosofia do cuidado de Martin Heidegger. Nela, o filósofo reconhece o modelo relacional de abertura que identifica o *ser com*, e, consequentemente, as fragilidades e as vulnerabilidades que dele decorrem. Ao sair de si, e abrir-se ao outro, o ente se torna vulnerável e dependente de outra realidade externa e distinta da sua. A fragilidade e as vulnerabilidades próprias do *ser em relação* são comunicadas à condição humana. Assim, o cuidado é, portanto, comunicação recíproca de realidades distintas que constituem o *modo de ser cuidado* do ente.

Leonardo Boff – na obra *Saber cuidar* – compreende que a condição relacional do *ser* é nutrida por trocas relacionais de desvelo, solicitude, diligência, zelo, atenção, bom trato e preocupação (BOFF, 2021, p. 103). Algo que identifica a essência humana, e que, quando compreendida pela reta razão, desdobra-se em um paradigma de ação, que não pode ser contrário àquilo que é o homem em sua realidade primária (ontológica), impossível totalmente de ser desvirtuada. "Colocar cuidado em tudo que projeta e faz, eis a característica singular do ser humano" (BOFF, 2021, p. 41). O ser humano é um *ser* de cuidado, o cuidado é algo mais que um ato e uma atitude entre outras, situa-se no âmbito de uma resposta consciente que identifica a base possibilitadora da própria existência.

Portanto, o homem é ordenado para o cuidado, porém, quando perde o sentido do cuidado, ou o cuidado lhe é suprimido no convívio social, instaura-se uma crise existencial e social que tende a caminhar para a depredação dos vínculos morais, sociais e patrimoniais. Instauram-se, então, processos de desumanização difíceis de retroceder.

3. Cuidado e desafios hodiernos

Segundo a filosofia do cuidado, especificamente aquela arraigada ao pensamento de Martin Heidegger, o cuidado deve ser compreendido num sentido originário – noutras palavras, ontológico. O cuidado revela o modo de um ente se estruturar no mundo. Ou seja, de se reconhecer no mundo como um *ser de cuidado*, e se oferece ao mundo em forma de cuidado. O cuidado é, em linhas sintéticas, presença aberta e acolhedora que nutre vínculos interpessoais de reconhecimento do outro e/ou de realidades externas. Ao afirmar que o cuidado é uma constituição ontológica que entra na definição essencial do ser humano e estrutura a sua prática, Heidegger sinaliza para uma concepção de vínculos de fecundidade que nutrem a existência. Em termos de categoria ética, como aquela de especificidade comunitária, assemelha-se à proposta de reconhecer o outro, reconhecer-se no outro, e buscar o seu bem.

Diante da complexa realidade contemporânea, "com sua múltipla e avassaladora oferta de consumo, é a tristeza individualista que brota do coração comodista e mesquinho, da busca desordenada de prazeres superficiais, da consciência isolada" (FRANCISCO, 2013, p. 9), fazendo surgir uma "globalização da indiferença" (FRANCISCO, 2013, p. 41) – realidade que exprime as debilidades e vulnerabilidades intrínsecas a um processo relacional de exploração e opressão.

A humanidade vive uma transformação histórica, que podemos constatar nos progressos que se verificam em vários campos do saber: nas inovações tecnológicas que se aplicam em diversos âmbitos da vida, na biomedicina, na comunicação, e, agora, na messiânica inteligência artificial. "Fonte de novas formas de um poder muitas vezes anônimo" (FRANCISCO, 2013, p. 40). Contudo, mesmo diante de tamanhos saltos qualitativos que o progresso científico oferece, não é o bastante para conter "o medo e o desespero que se apoderam do coração de inúmeras pessoas, mesmo nos países ricos" (FRANCISCO, 2013, p. 40). Cresce a falta de respeito e a intolerância, a violência, o medo, a desigualdade social, os movimentos migratórios forçados, a toxicodependência, entre outros. Aumentam-se, assim, as doenças inflamatórias e psíquicas. Nos grandes centros urbanos, as farmácias se multiplicam, enquanto livrarias e praças públicas são esvaziadas. As cidades e bairros são planejados mais para proteger e isolar que para aproximar e integrar (FRANCISCO, 2013, p. 52). Empresas de vigilância privadas, câmeras de segurança, sensores de presença, portarias 24 horas, grades de ferro, muros e cercas elétricas encarceram as pessoas dentro de suas propriedades, dando-as uma falsa sensação de proteção. Porém o medo lhes segue aferroando!

A confiança e a convivência comunitária, elementos constitutivos para a realização do projeto existencial humano, segundo sua própria estrutura ontológica, cedem espaços para a desconfiança e para uma mentalidade individualista, indiferente e egoísta. Vínculos de presença e cuidado são transformados em um estilo de vida que prevalece a consciência isolada, o subjetivismo relativista e o consumismo desenfreado. Realidades hodiernas que afetam a vida e a dignidade das pessoas, e nem mesmo a mais alta tecnologia e um modelo econômico centrado na especulação financeira, evasões fiscais e a exacerbação do consumo são capazes de conter.

Essas realidades revelam uma profunda crise antropológica que se sustenta na negação da primazia do ser humano. Em âmbito de antropologia filosófica está a negação da realidade originária, dimensão fontal (ontológica) que identifica a natureza humana. Ou seja, uma cosmovisão de interpretação do ser humano que reduz a pessoa para apenas uma de suas necessidades.

Quando o ser humano é reduzido apenas a uma de suas necessidades – *sexo, consumo, prazer, trabalho* –, corre-se o risco de criar desequilíbrios sociais, e, com isso, funestas consequências, muitas vezes difíceis de retroceder. Por isso, é preciso ressaltar a ideia de que muitas das crises que afetam o mundo atual não se resolvem à luz de um paradigma exclusivamente tecnocrático: tecnologia 5G, aumento de banda larga, sinal de *wi-fi*, telemóveis, entre outros. Estamos, possivelmente, diante de uma crise que resulta da recusa da transcendência, da rejeição da ética, de um aumento progressivo do relativismo, e na insistência de refutar a existência de normas morais objetivas válidas para todos. Na cultura dominante, ocupar o primeiro lugar àquilo que é "exterior, imediato, visível, rápido, superficial, provisório" (FRANCISCO, 2013, p. 45). A dimensão do cuidado e a atividade de cuidar são consideradas contraproducentes e demasiadamente humanas, e, por conseguinte, fora das categorias de mercado. Quando a sociedade perde o sentido da dimensão do cuidado e o valor supremo da atividade de cuidar, tudo o que lhes resta são os atos de consumir, degradar, deteriorar, depredar. Dado o momento em que a pessoa não se reconhece como um *ser de cuidado*, que necessita de cuidado, e que comunica cuidado, ela corre o risco de conviver e comunicar a ausência de cuidado: um estilo de vida que debilita o desenvolvimento e a estabilidade dos vínculos interpessoais e impede o reconhecimento do outro. Aflora-se, então, uma crise existencial sucedida de uma crise social.

Segundo Leonardo Boff, "o cuidado é o fundamento para qualquer interpretação do ser humano. Se não nos basearmos no cuidado, não lograremos compreender o ser humano" (BOFF, 2021, p. 101). Em consonância com o pensamento de Boff, podemos concluir que o desenvolvimento da convivência social e a construção de um povo cujas diferenças se harmonizam dentro de um projeto comum estão enraizados na dimensão do cuidado com um princípio *ontológico-social* favorável ao desenvolvimento integral de todos.

O cuidado como fundamento da existência humana, quando mensurado e descrito em métricas concretas, pode contribuir para a construção de um pacto social de cuidado e transmitir convicções ético-filosóficas possíveis de se traduzir em ações políticas concretas.

4. Indicadores de cuidado

Com base na filosofia do cuidado de Martin Heidegger, as filósofas italianas contemporâneas Elena Pulcini (falecida no ano 2020, vítima da Pandemia da Covid-19) e Luigina Mortari (professora da Universidade de Verona) dedicaram-se a analisar o fenômeno do cuidado, em vista de compreendê-lo em suas qualidades essenciais e propor uma teoria descritiva do cuidado que possa contribuir para a elaboração e aplicação de um pacto social e cultural de cuidado que faça da integração um fator de progresso – principalmente para que os lentos, fracos ou menos dotados possam também singrar na vida.

A teoria do cuidado, quando fundamentada sobre um conteúdo transcultural de saberes, permite a construção de uma verdadeira paz social que plasma a base para a defesa dos interesses da sociedade nas suas mais diversas formas.

Tanto para Elena Pulcini como para Luigina Mortari, desenvolver uma teoria descritiva do cuidado na pós-modernidade, capaz de dar respostas aos grandes desafios da sociedade hodierna e planificar atitudes renovadas em gestos e ações concretas, é preciso levar em consideração a essencialidade ontológica do cuidado: modo de ser responsável pela existência da condição humana. As filósofas, no entanto, retomam a centralidade do pensamento heideggeriano para reafirmar as razões ontológicas do cuidado e a consistência relacional do *Ser*: abertura e necessidade do outro, vulnerabilidade e fragilidade, características que identificam o ser humano e estruturam a convivência social.

Para delinear uma teoria do cuidado transcultural, com normas objetivas e um conjunto de valores aceitos universalmente, é preciso considerar a pluralidade dos saberes e insistir em uma fenomenologia do cuidado que faça surgir uma "diversidade reconciliada" (FRANCISCO, 2013, p. 132). Isto é, empenhar-se para ultrapassar a superfície conflitual e considerar os outros na sua dignidade mais profunda. Para isso, é fundamental ressaltar a dimensão *ontológica-social* nos diagnósticos que pretendem oferecer soluções para os grandes problemas que afligem a humanidade.

Segundo Luigina Mortari, dois são os grandes desafios para fundamentar uma teoria descritiva do cuidado na pós-modernidade: "trazer novamente ao centro do debate filosófico a questão do bem" (MORTARI, 2018, p. 119); e o cuidado, "na sua essência, é ético, pois é constituído pela procura daquilo que é bem, ou seja, daquilo que torna possível dar forma a uma vida boa" (MORTARI, 2018, p. 134). Com isso, Mortari reforça a ideia de que uma teoria descritiva do cuidado necessita, antes de tudo, de um núcleo ético. O núcleo ético do cuidado aflora na raiz do senso de responsabilidade, "sentir-se responsável pelo outro" (MORTARI, 2018, p. 135-136), "prestar atenção na debilidade do outro" (MORTARI, 2018, p. 142), "ver no outro uma debilidade maior do que a que sentimos em nós; ver no seu ser uma necessidade em relação à qual nos sentimos em condição de fazer alguma coisa" (MORTARI, 2018, p. 142). Uma ética balizada no "encontro com o rosto do outro" (FRANCISCO, 2013, p. 59) e no "serviço da reconciliação com a carne do outro" (FRANCISCO, 2013, p. 59). Entretanto, para alcançarmos o núcleo ético do cuidado, é preciso abrir-se e mover-se em direção à realidade do outro, e isso significa desprender-se de si mesmo e de uma cultura de bem-estar anestesiante que nos torna incapazes de nos compadecermos ao ouvir os clamores alheios. A ética do cuidado é uma ética que reivindica carne e rosto. Apresenta-se como o fundamento sólido para um novo paradigma de referimento aos modelos desenvolvimentistas. Afirma Luigina Mortari:

> Todavia, se cada um pudesse contar, de maneira extensiva e duradoura, como um tecido de relações que se deixam orientar pelo princípio do cuidado, a qualidade de vida seria diversa e, certamente, melhor, seja na esfera privada, seja na esfera pública" (MORTARI, 2018, p. 129).

Conclui Mortari: "É essa a razão que faz do cuidado algo irrenunciável" (MORTARI, 2018, p. 129). E, consequentemente, fundamental para a convivência social.

No mesmo horizonte, a professora de Filosofia Social da Universidade de Florença, na Itália, Elena Pulcini dedicou-se a teorizar a essência do cuidado considerando a fragilidade e a vulnerabilidade que caracterizam a existência. Viu a preocupação de descrever a ética do cuidado desvinculando-a de uma compreensão estritamente privada e íntima, como aquela atribuída a uma ética feminina, materna, ou aplicada aos serviços assistencialistas. E, ainda, a passagem do âmbito *ontológico-moral* dos círculos mais íntimos para o realismo da dimensão social. Soma-se a ideia de que a realidade é mais importante que a ideia ou que "a ideia acabe por separar-se da realidade" (FRANCISCO, 2013, p. 231). Para Pulcini, a ideia de cuidado e suas elaborações conceituais (filosófica, moral, social) estão a serviço da captação, compreensão e condução da realidade. Escreve:

> O cuidado em outros termos não é somente um princípio moral, mas é também, de fato, trabalho, empenho capilar e concreto que implica para além do envolvimento emotivo dos sujeitos, requer a capacidade de envolver-se na multiplicidade das situações em que se encontra o agir; obter efeitos e alcançar objetivos (PULCINI, 2013, p. 1340).

Desse modo, o cuidado empenha a realidade pelo raciocínio. A teoria do cuidado não pode ser concebida em retóricas ou sofismo correndo o risco de ocultar a realidade em projetos mais formais que reais. A submissão da política à tecnologia e às finanças, em detrimento das pessoas e do cuidado, pode desencadear em um estilo de vida, produção e consumo com vícios autodestrutivos difíceis de retroceder. A teoria do cuidado, contudo, é fundamental para nos proteger e proteger a comunidade global das vulnerabilidades próprias de um *modo de ser relacional*.

Luigina Mortari, com o intuito de concretizar a essência do cuidado, define alguns indicadores comportamentais de cuidado que atestam responsabilidade, o colocar em ato ações concretas em favor do outro ou de uma realidade externa. São eles: *prestar atenção, escutar, estar presente com a palavra, compreender, sentir com o outro, ser presente em uma proximidade distante, delicadeza e firmeza*. Clarificamos:

- *Prestar atenção*: "Prestar atenção significa ter consideração pelo outro" (MORTARI, 2018, p. 212). Manter o olhar atento ao real e fiel às coisas. Significa entrar na vida diária dos outros e/ou realidades sem desconfigurá-las. É ir ao encontro, encurtar distâncias e aproximar-se. Requer abdicar momentaneamente do próprio tempo e dos próprios propósitos para compreender uma realidade diversa e distinta. Porém não se trata de uma atenção científica que visa penetrar a realidade, mas uma atenção que acolhe o dado que vem da evidência. Prestar atenção é uma "intensa concentração sobre o outro" (MORTARI, 2018, p. 211). Ou seja, uma atitude racional que se contrapõem a um estilo de vida centrado na consciência isolada, no individualismo que beira o egoísmo, no subjetivismo que leva ao relativismo, e, como consequência, faz emergir a crise do compromisso comunitário. Investir em audiências públicas, em modelos de gestão e governança participativa, colegiados e grupos de trabalho plurais aumenta a percepção global da realidade. Contudo, tanto na esfera pública como na privada prestar atenção significa um deslocamento dos interesses de si mesmo em direção ao outro.

- *Escutar*: "A escuta se torna ação de cuidado quando é capaz de restituir ao outro a consideração por aquilo que ele está dizendo" (MORTARI, 2018, p. 218). Em um estilo de vida marcado pelo ativismo, pela preocupação em ocupar espaços de poder e autoafirmação, em que tudo entra no jogo da competitividade e da lei do mais forte, em que o poderoso engole o mais fraco, escutar requer passividade: "a capacidade de fazer-se como um vaso vazio que dá espaço ao que o outro quer comunicar de si" (MORTARI, 2018, p. 218). Esse escutar passivo é, fundamentalmente, um calar, dar lugar em nossa mente e em nossos projetos ao outro, ao que o outro tem para contribuir. Em uma sociedade programada para o barulho, em que todos buscam seu "lugar de fala", para ocupar espaço e se autoafirmar, muitas vezes liberando o "Narciso interior", a busca pelo "lugar de escuta" favorece a capacidade do diálogo e qualifica o modo de debater e confrontar as ideias. Facilita consensos e edifica pontes. Investir em ouvidorias e em processos avaliativos é fazer "ressoar dentro de si o dizer do outro" (MORTARI, 2018, p. 220).

- *Estar presente com a palavra*: "É nas palavras que se faz presente a essência da experiência" (MORTARI, 2018, p. 220). A palavra é uma forma de comunicar a sinceridade e a franqueza. O poder da linguagem pode fecundar ou esterilizar o outro e seus projetos. A palavra, contudo, deve fecundar, elevar a autoestima, motivar, "gerar vida nova". A comunicação e o poder da palavra tantas vezes utilizada para denegrir, amedrontar, caluniar e desinformar (*fake news*) deve regressar para o sentido da amabilidade, que é uma libertação da crueldade. A amabilidade pressupõe estima e respeito. Manifesta-se no trato interpessoal e nas relações sociais para não magoar com as palavras ou os gestos, e, ainda, na tentativa de aliviar o peso dos outros. Estar presente com a palavra é adotar políticas de recursos humanos e desenvolvimento de pessoas que reconfortam, consolam, fortalecem e estimulam. A palavra jamais deve ser empregada para humilhar, desprezar e denegrir.

- *Compreender*: "Compreender é conhecer aquilo o que o outro precisa para realizar as possibilidades de seu existir" (MORTARI, 2018, p. 224). É colocar-se em contato com o centro de sua realidade existencial. Para compreender as necessidades do outro, é preciso superar as "resistências interiores" (FRANCISCO, 2013, p. 61), e isso quer dizer aprender a alegrar-se e a sofrer com o outro com base em suas reivindicações. Compreender requer, portanto, tolerância e sensibilidade. Reconhecer o outro e buscar o seu bem! A compreensão requer também o gozo da razão para sistematizar os critérios para uma autêntica ordem social. Significa investir em uma profunda humildade social que convida a razão a alargar as suas perspectivas.

- *Sentir com o outro*: "Sentir é ter sensibilidade com o outro" (MORTARI, 2018, p. 228). Empatia, reciprocidade, compaixão. É dar espaço para o surgimento de uma "cultura do encontro" (FRANCISCO, 2013, p. 129) e um projeto comum que se abra em perspectiva de um *nós*. Sentir com o outro significa estar juntos, ser povo, comunidade. Avançar na construção de uma cultura que harmoniza todas as diferenças e resulta em uma verdadeira paz social. É se inserir em um projeto comum que vai além dos benefícios e desejos pessoais, e supera a indiferença relativista. Situa-se no insistir em uma ética comunitária que permite criar um equilíbrio e uma ordem social mais humana. A globalização da indiferença e a crise do compromisso comunitário, que é também a crise de uma sociedade que perde o sentido do cuidado, "não chora mais à vista do drama dos outros" (FRANCISCO, 2013, p. 41), nem se interessa por cuidar deles, como se tudo fosse responsabilidade de outrem. Reconhecer o próximo e caminhar ao lado dele é não permitir que nos roubem o sentido de comunidade. É acreditar que vale a pena insistir naquilo que é público e comunitário, e, assim, fazer valer a tutela do bem comum.

- *Ser presente em uma proximidade distante*: "Trata-se de encontrar o modo de estar em contato, de ser presente, sem invadir o espaço do outro, sem ocupar o seu próprio campo vital" (MORTARI, 2018, p. 246). A relação de presença não pode jamais ser na ordem de dependência e domínio ao ponto de limitar a liberdade do outro e implicar na perda de possibilidades de desenvolvimento do próprio modo de ser. Aplica-se a esse indicador o sentido do princípio de subsidiariedade que dá "liberdade para o desenvolvimento das capacidades presentes a todos os níveis, mas simultaneamente exige mais responsabilidade pelo bem comum a quem tem mais poder" (FRANCISCO, 2015, p. 115). A proximidade discreta, por sua vez, é aquela que dá todo o suporte possível ao outro sem reduzir o espaço de seu movimento. Nesse sistema, a autonomia do outro é respeitada favorecendo uma educação que ensine a pensar criticamente, contrapondo relações abusivas de poder e imposições de domínio que sufocam e esterilizam o outro. O cuidado está intrinsecamente ligado à liberdade do outro: à capacidade de assumir autonomamente a responsabilidade por si mesmo.

- *Delicadeza e firmeza*: O cuidado requer "dizer não às exigências do outro quando necessário" (MORTARI, 2018, p. 252). E isso quer dizer tomar decisões difíceis e exercitar a virtude da paciência. Exige domínio emocional para não se perder na realidade do outro, e, consequentemente, suportar as longas esperas dos processos de cura e tomada de consciência sem "perder a paz por causa do joio" (FRANCISCO, 2013, p. 23). O exercício de cuidar e de tornar o cuidado um sinal visível requer investir em lideranças que se conduzam pela filosofia do cuidado. Ou seja, capazes de gerir equilibradamente o vínculo com o outro evitando dependências e gestos que manipulam e desiludam.

Esses indicadores comportamentais de cuidado tornam evidentes as práticas movidas pela intenção de buscar benefício ao outro. Uma vigorosa mudança de atitudes que faz reflorescer uma ética propícia ao ser humano, e, mais que isso, um conjunto de atitudes, fundamentadas em princípios sólidos, passíveis de se traduzir em ações políticas e aumentar o acolhimento público em contraposição à frieza de uma porta fechada que não se importa à vista do drama dos outros. Isto é, a banalização da indiferença que enrijece o *modo de ser cuidado*.

Conclusão

A filosofia do cuidado descreve o cuidado como um *modo de ser* essencial que é a base possibilitadora da existência humana. O cuidado é o fundamento para qualquer interpretação do ser humano. Portanto, propor uma teoria descritiva do cuidado que pretenda concretizar a sua essência significa definir indicadores comportamentais de cuidado que tornam evidente uma realidade ontológico-existencial.

Uma vez que o cuidado é um modo de compreender o ser humano e, consequentemente, de nutrir e conservar a natureza de sua existência, os indicadores de cuidado definem algumas posturas do *ser com* estratificadas em comportamentos sociais que tornam evidentes a prática do cuidado.

Os indicadores de cuidado, movidos pela prática de buscar o bem, revelam ações concretas a favor do outro e/ou de uma realidade externa. Com base no pensamento heideggeriano, da preocupação de uma ética do cuidado universal, como aquela de Elena Pulcini, a filósofa Luigina Mortari elabora alguns indicadores comportamentais de cuidado que podem contribuir para um pacto de desenvolvimento centrado na cultura do cuidado. São eles: *prestar atenção, escutar, estar presente com a palavra, compreender, sentir com o outro, ser presente em uma proximidade distante, ter delicadeza e firmeza.* Ações concretas que, quando empregadas ao ordinário da vida, permitem a elaboração e celebração de um pacto de cuidado que se concretiza na proposta do desenvolvimento integral de todos.

REFERÊNCIAS

BAGGIO, A. M. *Lavoro e dottrina sociale Cristiana*: Dalle origini al Novecento. Roma: Città Nuova, 2005.

BOFF, L. *Saber cuidar*. Petrópolis: Vozes, 2021.

FRANCISCO. *Evangelii Gaudium*. São Paulo: Paulus, 2013.

FRANCISCO. *Laudato Si'*. São Paulo: Paulus, 2015.

HEIDEGGER, M. *Ser e tempo*. Petrópolis: Vozes, 2023.

MORTARI, L. *Filosofia do cuidado*. São Paulo: Paulus, 2018.

PETRINI, C. *Terrafutura*: diálogos com o Papa Francisco sobre ecologia integral. São Paulo: Senac, 2022.

PULCINI, E. Cura di se cura dell'altro. *Thaumázein*, v. 1, 2013.

CAPÍTULO VIII

INDICADORES COMPORTAMENTAIS DE CUIDADO: A TEORIA DO CUIDADO COMO MEIO PARA SUPERAÇÃO DA BANALIZAÇÃO DA INDIFERENÇA QUE TENDE A UMA "DESORIENTAÇÃO GENERALIZADA", ESPECIALMENTE NA FASE DA JUVENTUDE[347]

Na Exortação Apostólica *Evangelii Gaudium*, sobre o anúncio do Evangelho no mundo atual, o Papa Francisco aponta para algumas realidades hodiernas que tendem a um aumento progressivo do relativismo, e, consequentemente, a uma desorientação generalizada, especialmente na fase tão vulnerável às mudanças da adolescência e da juventude (*Cf.* EG, n. 64, p. 47). A proposta do presente trabalho justifica-se na elaboração de indicadores comportamentais de cuidado, à luz da filosofia do cuidado, como resposta a uma cultura hodierna em que prevalece o individualismo e a banalização da indiferença, inclusive entre os jovens. A metodologia do trabalho situa-se em uma pesquisa qualitativa de abordagem bibliográfica por meio das linhas pastorais da Exortação Apostólica *Evangelii Gaudium*, e da fenomenologia do cuidado de Martin Heidegger, e das filósofas italianas Luigina Mortari e Elena Pulcini. Por fim, pretende-se definir indicadores comportamentais de cuidado que inspirem a vivência de uma cultura de cuidado intergeracional.

Introdução

O presente artigo tem como objetivo apresentar um conjunto de indicadores comportamentais de cuidado fundamentado na filosofia do cuidado e em perspectiva de uma cultura de cuidado e propícia à juventude. Soma-se a essa proposta o desafio de assumir esses indicadores como métricas comportamentais que qualificam a convivência social intergera-

---

[347] Artigo comunicado no XVIII Simpósio Internacional Filosófico-Teológico da Faje/ PUC-MG, em 6 de outubro de 2023.

cional. Trata-se, portanto, de apresentar critérios objetivos para um agir moral orientado a uma cultura do cuidado capaz de transformar espaços de desintegração, de conflito e de abandono em espaços de integração, de reconciliação, de cooperação e de cuidado.

Nesse horizonte, assume-se a proposta de um novo estilo de vida, contrapondo-se a algumas realidades hodiernas que tendem ao descuido, à degradação, à deterioração e à indiferença relativista – consequências muitas vezes justificadas em uma cultura de bem-estar anestesiante, que faz prevalecer o individualismo e a banalização da indiferença, inclusive entre os jovens.

Ao relacionar a filosofia do cuidado e sua contribuição à juventude, "fase tão vulnerável às mudanças" (FRANCISCO, 2013, p. 47), diante de uma generalizada indiferença relativista e uma crescente deformação ética, pretende-se dar fundamentos sólidos para superar um projeto que vai além dos benefícios e dos desejos pessoais da consciência isolada, que impedem um indivíduo de reconhecer o outro e buscar o seu bem: "Já não choramos à vista do drama dos outros nem nos interessamos por cuidar deles" (FRANCISCO, 2013, p. 41).

Metodologicamente, o trabalho está sistematizado em três tópicos: *(1) Juventude e realidades hodiernas*; *(2) A filosofia do cuidado*; e *(3) Indicadores comportamentais de cuidado*. A pesquisa situa-se em uma abordagem qualitativa de base bibliográfica, sustentada nas linhas pastorais da Exortação Apostólica *Evangelii Gaudium* e na fenomenologia do cuidado de Martin Heidegger, e das filósofas italianas Luigina Mortari e Elena Pulcini.

O presente trabalho reflete a filosofia do cuidado em perspectiva dos desafios da juventude atendo-se à realidade intergeracional.

1. Juventude e realidades hodiernas

Segundo João Batista Libânio, na obra *"Para onde vai a juventude?"*, a juventude é fruto de seu tempo. Isto é, Libânio entende que é impossível compreendê-la e assumi-la fora do contexto histórico-social-político no qual está inserida. Ela assume posturas, visões de mundo e motivações distintas, de acordo com o contexto de cada época. Por exemplo, na década de 1970, dado o contexto político e o regime de exceção que governava o país, os jovens eram movidos por ideologias políticas, tinham ideais revolucionários e sonhos grandiosos, faziam das praças públicas e das ruas lugares de encontro e palco de reivindicações por mudanças: "os ventos do Norte não movem moinhos". Nos anos 80, a juventude caracterizava-se por sonhos possíveis, menos utópicos e mais individualistas, quase sempre em torno da aquisição de bens de consumo e uma mentalidade mais individualista. A juventude na década de 1990, por sua vez, motivada pela globalização neoliberal, entrava na lógica da competição mercadológica, da meritocracia e da especialização e/ou fragmentação dos saberes. Com a pós-modernidade, a juventude dos anos 2000 entrou em um novo século conectada e plugada à internet. Contudo, assume-se um novo estilo de vida, demasiadamente centrado no momento presente e na sede por consumir – uma geração marcada pela Era Digital e pela volatilidade. Um presentíssimo manifestado na perda da consciência histórica e ética (*Cf.* LIBÂNIO, 2011, p. 144).

É inegável que a juventude da pós-modernidade constatou um progresso em vários campos. Uma mudança de época marcada por enormes saltos qualitativos e quantitativos em diversos âmbitos da vida, sobretudo nos progressos observados na medicina, na farmacologia, e nas inovações tecnológicas que melhoraram o bem-estar das pessoas em campos como a saúde, a educação e as comunicações. Contudo, os filhos desta época estão sob o influxo da cultura globalizada atual, e dela "vão surgindo formas novas de comportamento resultantes dos *mass-media*" (FRANCISCO, 2013, p. 46). Uma vitrine favorável para espetáculos midiáticos e fuga da realidade. Muitas vezes, nesse contexto, as redes sociais fazem com que o real ceda lugar à aparência, e na cultura dos *likes* ocupa o primeiro lugar aquilo que é "exterior, imediato, visível, rápido, superficial e provisório" (FRANCISCO, 2013, p. 45). Influência essa que atinge, inclusive, ambientes rurais (*Cf.* FRANCISCO, 2013, p. 51).

Sendo assim, a juventude hodierna está imersa nessa transformação cultural absorvendo dela suas linguagens, seus símbolos, suas mensagens e paradigmas que oferecem novas orientações de vida. Afirma Francisco: "Estamos na era do conhecimento e da informação, fonte de novas formas de um poder muitas vezes anônimo" (FRANCISCO, 2013, p. 40). Um poder que desencadeia uma crise antropológica profunda, reduzindo o ser humano a apenas uma de suas necessidades: o consumo. Situação essa tão dramática que, durante a fase da juventude, "fase tão vulnerável às mudanças" (FRANCISCO, 2013, p. 47), faz com que muitos percam a serenidade quando o mercado oferece algo que não é possível comprar (*Cf.* FRANCISCO, 2013, p. 42). Entretanto, percebe-se que entre alguns desafios do mundo atual que afetam a juventude está aquele de transformar os jovens em um bem de consumo.

Nesse horizonte, Francisco elenca alguns desafios culturais que incidem na sociedade hodierna e, consequentemente, sobre os jovens no contexto atual: exacerbação do consumo (soma-se a isso a erotização e a vivência desmedida da sexualidade), além de um subjetivismo relativista e racionalismo secularista. Com isso, diagnosticam-se algumas consequências: recusa da transcendência, rejeição da ética e da existência de normas morais objetivas e válidas para todos, individualismo reinante, consciência isolada, menor acolhimento e indiferença anestesiante. Reporta-se para o reflorescimento de uma cultura hedonista em que o prazer é elevado à potência última, portanto um enfraquecimento da consciência histórica e ética. Assim, busca-se aquilo que é prazeroso e que dê resultados imediatos. O tempo de espera e a capacidade de suportar dão lugar ao imediatismo, ao ativismo, e à ansiedade. O silêncio incomoda! O barulho distrai! A sociedade é programada para distrair e entreter, não para silenciar e refletir.

Porém, mesmo diante de alguns desafios do mundo atual que incidem sobre a juventude, é preciso considerar a importância da fase da juventude e seus desdobramentos para a sociedade. Nela reside a utopia, a esperança! É a fase da ebulição e do questionamento. A manjedoura do futuro. Para tanto, é preciso precaver-se a um projeto de sociedade que tente entretê-los, anestesiá-los e silenciá-los (diante dos barulhos e das tretas midiáticas), transformando-os em seres domesticados e inofensivos. O desmonte do momento utópico (a fase do contraditório que identifica o espírito da juventude) é, de certo modo, o desmonte da esperança e dos ideais reservados para o futuro. O silenciamento da juventude ceifa o "risco" da renovação e, consequentemente, favorece a manutenção de um *status* operante.

Diante desse discernimento conjuntural, e alicerçado nos fundamentos de um personalismo integral, Francisco aponta para algumas linhas de ações fundamentadas em "uma educação que ensine a pensar criticamente e ofereça um caminho de amadurecimento nos valores" (FRANCISCO, 2013, p. 47). Valores esses que favorecem uma vigorosa mudança de atitudes e o regresso para uma ética propícia ao ser humano: "A abertura a um tu capaz de conhecer, amar e dialogar" (FRANCISCO, 2015, p. 75). O reconhecimento do *outro*, uma característica própria da dimensão social do ser humano, revela a grande nobreza da pessoa humana: abertura ao outro. Ou seja, o fato de que ninguém pode "construir-se de costa para o sofrimento" (FRANCISCO, 2020, p. 35). Uma sociedade intergeracional que não se compadece diante ao sofrimento corre o risco de desencadear processos de desumanização difíceis de retroceder, principalmente nas fases da adolescência e da juventude.

À luz dessas realidades, Francisco insiste em uma ética do cuidado. Um agir moral que conflua para uma cultura do cuidado. Leia-se, uma revolução cultural que possibilite um desenvolvimento humano e social mais saudável e fecundo. Ou seja, uma proposta vivificante diante dos desafios do mundo atual, principalmente sobre aqueles que incidem na juventude. Francisco, nesse horizonte, propõe a vivência de um paradigma de cuidado que qualifique a convivência social e ofereça princípios universais válidos para todos. Com isso, justifica a necessidade do empenho para a retomada de vínculos interpessoais e institucionais que recuperam a *sobriedade*, a *amabilidade* e o *acolhimento* ao outro. Uma verdadeira revolução da ternura como resposta às culturas de violência e de morte que incidem sobre a sociedade, tornando-se uma preocupação intergeracional.

2. A filosofia do cuidado

O filosofo alemão Martin Heidegger foi um dos principais existencialistas que se dedicou à filosofia do cuidado. Na obra *Ser e tempo*, Heidegger propõe as linhas fundamentais para uma fenomenologia do cuidado arraigada na dimensão ontológica da pessoa humana. O filósofo parte de duas premissas fundamentais que identificam o *ser*: abertura e relacionalidade. Abertura que consiste em um movimento de deslocamento da própria realidade em direção a uma realidade diversa e distinta; relacionalidade compreendida como um processo de trocas entre o "eu" e o "tu" que abre a porta à convivialidade e implica na construção de um "nós". Heidegger define essa relação de abertura e de trocas como um *modo de ser com* que identifica a condição humana: o modo como o *ser* constrói a si e ao mundo.

O cuidado, como atributo ontológico, é, dessarte, a identidade da pessoa humana. Aquilo que define o homem como homem, que vincula o homem a outro homem, e aquilo que forma o homem como homem. Martin Heidegger compreende o cuidado em dois momentos: *cuidado como procura* e o *cuidado como dedicação* (HEIDEGGER, 1975a, p. 317).

O cuidado como procura consiste em dar espaço dentro da própria mente à realidade do outro, ou seja, reconhecer uma realidade diversa e distinta, que, ao ponto que distingue, também identifica. Já o cuidado como dedicação fundamenta-se na responsabilidade pelo outro. Na relação que constrói vínculos e resulta em compreensão e compromisso a partir do reconhecimento da existência do outro. O cuidado, ontologicamente compreendido, desnuda-se na natureza humana como uma maneira de o próprio *ser* estruturar-se e dar-se a conhecer: uma realidade de translação *ontológico-social* que dá forma ao agir humano e à convivência social.

Servindo-se da compreensão ontológica do cuidado, à luz da escola de pensamento heideggeriana, as filósofas italianas Elena Pulcini e Luigina Mortari propõem-se a analisar o fenômeno do cuidado em vista de compreendê-lo em suas qualidades essenciais: a base possibilitadora da existência humana e a capacidade cognitiva de colocar o cuidado em tudo o que se projeta e faz.

Para Elena Pulcini, o cuidado é fruto de uma rede de altruísmo. Ele tem um conteúdo transcultural que origina as bases para uma ética global. Motivo esse que rompe a ideia de uma ética privada, como aquela feminina ou de classes e grupos, e, por isso, fornece um valor universal (*Cf.* PULCINI, 2018). Luigina Mortari, por sua vez, compreende o cuidado para além de relações altruístas; a filósofa o situa na busca pelo bem: "é agir para auxiliar o outro a buscar o seu bem" (MORTARI, 2018, p. 126). Para tal, é essencialmente um agir virtuoso à procura do bem. Mortari retoma a questão do bem no debate filosófico do cuidado e afirma: "Se o cuidado é dimensão ontológica primária e a intencionalidade primária do *Ser* é a procura pelo bem, então a intenção que guia uma boa prática do cuidado é, certamente, a procura daquilo que faz o bem viver" (MORTARI, 2018, p. 111). Assim, a procura do bem deve ser entendida como uma práxis relacional. Cuidar é comunicar o bem de si para que o outro possa alcançar o seu próprio bem.

O conceito que está na base da filosofia de Luigina Mortari, e plasma o núcleo ético do agir humano, revela que a paixão pelo bem guia o trabalho de cuidado (MORTARI, 2018, p. 257). Contudo, é preciso ater-se ao *fenômeno do descuido* que atinge a sociedade hodierna e incide com maior força sobre a fase da juventude.

O fenômeno do descuido, que inicialmente é a negação dos vínculos interpessoais de proximidade, da generosidade, da responsabilidade e do acolhimento público, enfraquece as relações de convivência.

Num contexto em que os sentimentos e gestos de abertura (relação e pertença) cedem espaço aos gestos de retração, de desconfiança e de isolamento, fragiliza-se a possibilidade do *ser*. As consequências dessa crise existencial – leia-se, *ontológico-social* – revelam situações de descuido que afetam o âmbito privado e o público, tais como a perda da autoestima, o isolamento, a depressão e a depredação interior, que, se não acompanhados, podem ocasionar gestos de violência e atentados contra a vida.

Segundo Ilíria Wahlbrinck, o fenômeno do descuido parece imperar e impulsionar ao enveredamento por descaminhos, como o consumo de drogas ou a emoção da velocidade (álcool, jogos, pornografia), que ao produzir êxtase imediato transforma o viver em morrer precocemente (WAHLBRINCK, 2013, p. 34). Acentuo: transforma o cuidado em agressão.

Diante dessa realidade e do desafio de assumir o cuidado como *ethos*, principalmente na juventude, fase tão vulnerável às mudanças, propusemos a adoção de indicadores comportamentais de cuidado que exprimem um reordenar das relações de convívio diante do *ser* do outro. Tratam-se, no entanto, de algumas posturas que refletem *o modo de ser cuidado* no mundo e contribuem para a construção de uma cultura intergeracional de cuidado fundamentada na responsabilidade, na dedicação, na reverência e na coragem.

3. Indicadores comportamentais de cuidado

Com base nas linhas da filosofia do cuidado de Luigina Mortari, de modo particular, do concretizar-se da essência do cuidado, evidenciaremos alguns indicadores comportamentais que podem auxiliar os jovens a assumirem uma nova postura vivencial, ressignificando suas atitudes diante de uma cultura de banalização da indiferença, e restituindo um estilo de vida centrado na sobriedade e na amabilidade. São eles:

- *Prestar atenção*: "Prestar atenção significa ter consideração pelo outro" (MORTARI, 2018, p. 212). E isso quer dizer: reconhecer a importância do outro e de tudo o que ele representa. É tirar o outro do isolamento, do "ocultismo" e da invisibilidade. Fazer percebê-lo que é digno de atenção e, por isso, portador de um valor singular dentro da lógica da existência. À medida que oferecemos atenção e recebemos atenção, compreendemos que não somos um "produto em venda", descartável, que se pode usar, abusar e depois jogar fora. Quando oferecemos atenção, reafirmamos o valor singular do outro, e, quando o outro se encontra digno de receber a nossa atenção, toma a consciência de seu espaço no mundo e nas relações. É fundamental, nesse sentido, que os jovens reencontrem a importância do "concentra-se", sentindo-se dignos de atenção e comprometidos a responder com atenção.

- *Escutar*: "A escuta se torna ação de cuidado quando é capaz de restituir ao outro a consideração por aquilo que ele está dizendo" (MORTARI, 2018, p. 218). O mundo está imerso em uma lógica de barulho. Um modo de viver em que silenciar torna-se algo torturante. A luta pela afirmação do "lugar de fala" fez exaurir o "lugar de escuta". A pressa em falar e tecer conclusões, muitas vezes precipitadas, faz com que muitos não tenham tempo para ouvir. Restituir o espaço de escuta significa investir no diálogo, pois o diálogo constitui-se no binômio *fala-escuta*. É preciso, assim, ouvir os jovens e incentivá-los a ouvir. Para isso, faz-se necessário desligar muitas fontes geradoras de ruídos programadas para distrair e entreter.

- *Estar presente com a palavra*: "É nas palavras que se faz presente a essência da experiência" (MORTARI, 2018, p. 220). A palavra encoraja! Porém muitas vezes a comunicação verbal é utilizada para coagir, denegrir e desencorajar. Estar presente com a palavra significa verbalizar princípios e ideias que contribuem para fortalecer e consolidar laços fecundos de convivência. É fundamental para a juventude reconhecer a força da palavra, e, com ela, a da comunicação. Tolher a voz nunca é um bom caminho. Mas sim o da responsabilidade que decorre com as palavras ditas.

- *Compreender*: "Compreender é conhecer aquilo o que o outro precisa para realizar as possibilidades de seu existir" (MORTARI, 2018, p. 224). É fazer um exercício para entrar na lógica do outro e dar espaço em nossa consciência à possibilidade de uma lógica diversa. Compreender significa também considerar a pluralidade das realidades que incidem sobre a existência. A juventude é plural! Pessoas não são máquinas, robôs, marionetes, fantoches programados para darem as mesmas respostas. A experiência da compreensão pode despertar nos jovens o desejo de misericórdia e de oferecer misericórdia, ou seja, fazer da compreensão um elo para um novo processo de recomeço. A pessoa, quando compreendida, sente-se acolhida.

- *Sentir com o outro*: "Sentir é ter sensibilidade com o outro" (MORTARI, 2018, p. 228). Empatia, reciprocidade, compaixão. É dar espaço para o surgimento de uma "cultura do encontro" e da certeza de que não estamos sozinhos. Ou seja, reestabelecer a presença de proximidade do outro que nutre laços comunitários e afasta sentimentos de isolamento, de abandono de esquecimento. É investir nas relações mais reais que virtuais, em inteligências mais humanas que artificiais – um regresso àquilo que é humano.

- *Ser presente em uma proximidade distante*: "Trata-se de encontrar o modo de estar em contato, de ser presente, sem invadir o espaço do outro, sem ocupar o seu próprio campo vital" (MORTARI, 2018, p. 246). Presença não quer dizer dominação. A liberdade humana é um valor fundamental para as relações de convivência. Logo, a presença que nutre e frutifica jamais deve violar a autonomia do outro. Tem-se, nesse sentido, que juventude é a fase da transição: da obediência infantil para a autonomia adulta, sendo uma fase importantíssima a ser vivida! Contudo, à medida que a liberdade é experimentada, deve-se ser provado, também, o valor da responsabilidade. Liberdade sem responsabilidade é o entorpecimento da realidade.

- *Delicadeza e firmeza*: O cuidado requer "dizer não às exigências do outro quando necessário" (MORTARI, 2018, p. 252). Em tempos de inseguranças e fragilidades, é preciso formar-se para dizer alguns nãos. A coragem é algo que não pode ser roubado da juventude, sendo a tentativa de domesticar os jovens e transformá-los em seres frágeis e inofensivos uma arma potencial para desacreditá-los quanto ao futuro. É preciso ter firmeza para fazer escolhas e optar por valores claros e objetivos. Um processo educacional que ensine a pensar criticamente e os livre de uma ética ideologizada que anestesie a consciência e retire a coragem de tomar a iniciativa.

Esses indicadores comportamentais identificam as posturas pelas quais a pessoa exterioriza a orientação do *ser* como cuidado.

No que tange à juventude, esses indicadores comportamentais de cuidado fazem com que o jovem recupere a amabilidade e uma autêntica forma de ser no mundo. De algum modo, auxilia na construção de uma identidade unitária, servindo para congregar, agregar e transformar. Uma resposta aos projetos de fragmentação que tendem a reduzir a fase da juventude e os jovens a uma única dimensão: o consumo.

Por fim, o cuidado como paradigma de ação pode constituir o horizonte primordial que dá forma à filosofia da vida pública e, com ela, práticas de ação que ajudem os jovens a superarem a cultura da banalização da indiferença que tende à fuga da realidade e a não se sentirem responsáveis pelo outro.

Conclusão

É inegável que a banalização da indiferença e a crise do compromisso comunitário são consequências de um modelo social em que prevalece a cultura do individualismo, das consciências isoladas, e de um estilo de vida cômodo e superficial. Constata-se, nesse contexto, uma fuga do ético para o estético, do *ser* ao ter, do integrar ao isolar.

Dentro dessa conjuntura, em que muitas vezes as pessoas são reduzidas a uma única de suas necessidades, como o consumo, revela-se uma crise antropológica profunda, como aquela da perda de vínculos interpessoais que fragmentam as relações pessoais e sociais.

Durante a fase da juventude, fase marcada por profundas transformações e disrupções, a cultura da indiferença e do isolamento pode prejudicar aquilo que é próprio da juventude: relações de troca e abertura ao novo.

Nesse sentido, e diante do risco da deterioração (física e psicológica), está a contribuição da filosofia do cuidado e da construção de indicadores comportamentais de cuidado que fundamentam um *modo de ser* e de agir no mundo. Trata-se de uma postura arraigada na amabilidade e na sobriedade que oportuniza à pessoa humana viver e responder segundo a sua natureza ontológica. Isto é, comunicar na existência a sua realidade mais profunda. Viver, segundo a filosofia do cuidado, é movimentar-se em direção ao *outro*, abraçá-lo, e dar espaço, dentro da própria existência, para que o outro possa existir e comunicar em plenitude aquilo que é.

Ninguém pode construir-se e se autorreconhecer de costas ao outro ou ao cuidado. Assumir posturas de cuidado é, portanto, agir de modo que se possa superar alguns desequilíbrios, tais como: o enfraquecimento da saúde física e mental, e distúrbios funcionais, a nível socioeconômico e cultural, que afetam a comunidade política e a convivência social.

REFERÊNCIAS

FRANCISCO. *Evangelii Gaudium*. São Paulo: Paulus, 2013.

FRANCISCO. *Laudato Si'*. São Paulo: Paulus, 2015.

FRANCISCO. *Fratelli Tutti*. São Paulo: Paulus, 2020.

HEIDEGGER, M. *Ser e tempo*. Petrópolis: Vozes, 2023.

LIBÂNIO. *Para onde vai a Juventude?* Reflexões pastorais. São Paulo: Paulus, 2011.

MORTARI, L. *Filosofia do cuidado*. São Paulo: Paulus, 2018.

PULCINI, E. Cura di se cura dell'altro. *Thaumázein*, v. 1, 2013.

WAHLBRINCK, I. *Ética do cuidado*: essência do ser. Novas Edições Acadêmicas, Ilhas Maurício, 2013.

CAPÍTULO IX

O BRASIL PÓS-PANDEMIA: OS DESAFIOS PARA A ADMINISTRAÇÃO PÚBLICA[348]

Segundo dados do governo brasileiro (BRASIL, 2021), o Brasil ultrapassou a triste marca de quinhentos mil mortos, vítimas da covid-19, causada pelo coronavírus (Sars-coV-2). A pandemia, que levou o Sistema Único de Saúde Brasileiro (SUS) e a Rede Privada e Filantrópica de Hospitais ao limite do colapso, revelou-nos a resiliência e o empenho dos profissionais e das entidades de saúde no enfrentamento da pandemia. Nos momentos mais críticos, os 26 estados da unidade federativa, aditando-se o Distrito Federal, passaram por momentos difíceis: falta de insumos, equipamentos respiradores, ventiladores, leitos de UTI e, em alguns estados, falta de oxigênio. Durante esse período, muitas vidas foram ceifadas. Não obstante, uma variante do coronavírus, identificada no estado do Amazonas, revelou-se ainda mais ofensiva. Para evitar a circulação dessa variante, e por motivos de segurança sanitária, muitos países fecharam suas fronteiras para a entrada de brasileiros.

Nesse sentido, a falta de informações de como lidar com o comportamento do vírus e de ações coordenadas entre municípios, estados e o governo federal deixou o país ainda mais vulnerável. Uma série de decretos com medidas restritivas foram tomados de forma regionalizada para evitar a circulação do vírus: o uso obrigatório de máscaras em ambientes públicos, o distanciamento social e, em situações mais extremas, a adoção de *lockdown*. Segundo especialistas, as ações desordenadas entre as regiões e os estados da federação resultaram na resistência de muitos segmentos sociais diante das medidas adotadas. Ainda, a economia sofreu fortes reveses. Os setores de evento, de turismo e o da economia informal foram os mais prejudicados. A fim de amenizar os danos, o governo federal liberou um auxílio financeiro emergencial para as famílias de baixa renda que vivem na informalidade, mas o programa não foi suficiente para a cobertura social dada a gravidade

---

[348] Publicado em *Politics and Human Rights* (https://www.sophiauniversity.org/it/news/il-brasile-post-pandemia-le-sfide-per-la-pubblica-amministrazione/), vinculado ao Instituto Universitário Sophia, Figline e Incisa Valdarno, Florença, Itália, em 20 de julho de 2021.

da situação. Para tanto, em pleno período pandêmico, instalou-se no país uma crise política, ideológica e institucional. O combate da pandemia foi politizado e ministros se alternaram no comando do Ministério da Saúde. A pandemia evidenciou a fragilidade política e a falta de capacidade de diálogo em perspectiva do *bem comum* por parte de lideranças constituídas e fez emergir a patente desigualdade social, um "câncer" que consome a estrutura social brasileira. Dada essa análise preliminar de conjuntura da realidade brasileira durante a pandemia, destacamos quatro princípios, à luz da ética social (FRANCISCO, 2013) e da filosofia da polaridade (BORGHESI, 2018), que podem orientar o desenvolvimento da convivência social e auxiliar na construção do diálogo e da paz social no período pós-pandêmico: *(1) o tempo é superior ao espaço; (2) a unidade prevalece sobre o conflito; (3) a realidade é mais importante que a ideia;* e *(4) o todo é superior à parte.*

- ***O tempo é superior ao espaço:*** afirmar que o tempo é superior ao espaço consiste em se ocupar mais com "iniciar processos do que possuir espaços" (FRANCISCO, 2013, p. 130). Trata-se de privilegiar ações que geram novos dinamismos na sociedade e comprometem outras pessoas e grupos que os desenvolverão até frutificar em acontecimentos históricos importantes (FRANCISCO, 2013, p. 130). Priorizar o tempo significa investir em ações que terão resultados a longo prazo, ou seja, no futuro, a exemplo de investimentos em educação, pesquisa e inovação. A pandemia revelou ao país a importância do investimento em ciência e na produção de conhecimento, de modo especial em pesquisas voltadas à ciência biomédica, à farmacologia, e à saúde pública. Investimentos em educação, pesquisa e extensão não podem ser considerado despesas, e motivo para cortes no orçamento público, mas sim investimento estratégico. Assumir a primazia do tempo em relação ao espaço na Administração Pública significa privilegiar políticas que priorizam a plenitude da existência humana em detrimento de resultados imediatos, que produzem ganhos políticos fáceis, rápidos e efêmeros (FRANCISCO, 2013, p. 130).

- ***A unidade prevalece sobre o conflito:*** esse princípio revela-nos que o conflito não pode ser ignorado ou dissimulado, mas deve ser aceito e superado (FRANCISCO, 2013, p. 131). Assim, a conjuntura conflitante fragmenta a realidade. Visões ideológicas que politizam a pandemia no Brasil projetaram confusões e insatisfações. A polarização e o conflito de interesses nos fizeram perder, em certos momentos, "o sentido da unidade profunda da realidade" (FRANCISCO, 2013, p. 131), como aquela que pertencemos todos à mesma família humana, e exige de nós atitudes virtuosas de alteridade, solidariedade e cuidado. Trabalhar pela unidade em perspectiva da superação do conflito na Administração Pública significa se esforçar para que os conflitos, as tensões e os opostos possam alcançar uma "unidade multifacetada que gera nova vida" (FRANCISCO, 2013, p. 132). Na prática, esse princípio significa que, mesmo diante das contradições, das agressões e das ingratidões, os atores e entidades sociais não devem abdicar jamais do diálogo, da participação, da inclusão e da subsidiariedade para que os mais vulneráveis e fracos possam, também, singrar na vida.

- *A realidade é mais importante que a ideia:* assumir que a realidade é superior à ideia consiste em evitar que a ideia se separe da realidade (FRANCISCO, 2013, p. 133). Trata-se de evitar que os projetos mais formais que reais ocultem a realidade – ou, ainda, que as ideologias manipulem a compreensão da realidade. Durante a pandemia, o país atravessou uma "guerra" de narrativas repletas de sofismos, retóricas, fundamentalismos anti-históricos e intelectualismos sem sabedoria. Em alguns momentos, o enfrentamento político-partidário prevaleceu sobre o interesse maior da nação: vencer a pandemia e salvar vidas. Perdeu-se a objetividade harmoniosa. O Brasil pós-pandemia deverá reafirmar que o cuidado e a promoção do bem comum da sociedade competem ao Estado, e que a Administração Pública, com as várias forças sociais, deverá – com clareza e convicção – transmitir valores que se traduzam em ações políticas concretas.

- *O todo é superior à parte:* afirmar que o todo é superior à parte requer uma visão holística da realidade. Significa dizer que o todo é mais que a parte, sendo também mais que a simples soma dela (FRANCISCO, 2013, p. 134). Requer-se o esforço para o desenvolvimento da convivência social e a construção de uma nação na qual as diferenças se harmonizam dentro de um projeto comum. Durante a pandemia, observou-se, e ainda se observa, iniciativas demasiadamente obcecadas por questões limitadas e particulares. Priorizar o todo na Administração Pública requer adotar programas de verdadeiro desenvolvimento integral que façam da "integração um fator de progresso" (FRANCISCO, 2013, p. 125), fomentando o trabalho digno, a instrução e o cuidado sanitário para todos (FRANCISCO, 2013, p. 123).

O desafio do Brasil no período pós-pandêmico, alheio às ideologias políticas dos governantes, exigirá um esforço coletivo para um maior acolhimento público, retomada do crescimento econômico e criação de novos postos de trabalho: investir em educação, pesquisa e inovação. Segundo Jorge Mario Bergoglio, a Pandemia da Covid-19 despertou a consciência de sermos uma comunidade mundial que viaja no mesmo barco, em que o mal de um prejudica todos (FRANCISCO, 2020, p. 20). Contudo, será necessário superar a lógica da violência, da perseguição, da vingança e da deterioração que afeta a paz, a concórdia, o meio ambiente, a defesa da vida, os direitos humanos e civis, entre outros. E, assim, promover uma reconciliação nas diferenças capaz de ultrapassar a superfície conflitual em perspectiva do bem comum. É iminente nessa travessia investir na formação de líderes com capacidade de diálogo e espírito empreendedor, capazes de pensar e gerar um mundo aberto em vista de uma sociedade mais fraterna.

REFERÊNCIAS

BORGHESI, M. *Jorge Mario Bergoglio*: uma biografia intelectual. Rio de Janeiro: Vozes, 2018.

BRASIL. Painel coronavírus. *Coronavírus Brasil*, 2021. Disponível em: https://covid.saude.gov.br/. Acesso em: 7 jul. 2021.

FRANCISCO. *Carta Encíclia Fratelli Tutti*: sobre a fraternidade e a amizade social. Vaticano: A Santa Sé, 2020.

FRANCISCO. *Exortação Apostólica Evangelii Gaudium*: sobre o anúncio do Evangelho no mundo atual. Vaticano: A Santa Sé, 2013.

CONSIDERAÇÕES FINAIS

Os artigos que constituem este livro revelam um percurso transdisciplinar de estudos, pesquisas e publicações à luz da teoria do cuidado e do humanismo do Papa Francisco. Soma-se à contribuição de pensadores e filósofos clássicos e contemporâneos que fornecem um sólido embasamento teórico sobre o fenômeno do cuidado e suas qualidades essenciais.

O cuidado é algo inerente à condição humana. É um modo de compreender o ser humano e suas relações. Por isso, exige-nos uma reflexão acerca do sentido de ser e do seu modo de estar no mundo.

Os artigos harmonizados nesta obra propuseram-se a refletir sobre o fenômeno do cuidado e a experiência de cuidar em perspectiva de uma ética do cuidado que revela a essência do ser.

O filósofo Martin Heidegger (1889-1976), tantas vezes invocado nos artigos e capítulos que constituem este livro, revela-nos o sentido e a primariedade do cuidado como um atributo ontológico existencial que identifica o humano. Assim, servindo-se do existencialismo de Heidegger, e em perspectiva de uma fenomenologia do cuidado, as filósofas italianas Elena Pulcini e Luigina Motari viram a importância da filosofia do cuidado na contemporaneidade, para então refletir sobre o concretizar-se da essência do cuidado e exprimir uma ética do cuidado que permita dar um salto qualitativo na convivência social.

Nesse mesmo horizonte aflora a ética social do Papa Francisco e a proposta de um pacto social e cultural fundamentado na cultura do cuidado. Francisco compreende o cuidado como um fenômeno existencial que revela o interesse pelo *outro*. Ou seja, um olhar voltado ao *outro* movido pelo *sentir-se* em conexão com o *outro*. Contudo, para que essa relação de disponibilidade e de preocupação pelo *outro* não seja reduzida a uma simples instrução normativa de cuidar, Francisco utiliza-se dos fundamentos da filosofia da polaridade e da teoria da oposição polar para afirmar que o cuidado é uma relação vivida em presença, em que existir é intrinsicamente coexistir, e o fruto dessa relação é o cuidado.

Assim, dentro da proposta de uma abordagem transdisciplinar, e considerando as bases do humanismo do Papa Francisco, os artigos apresentados neste livro revelaram um novo paradigma de ação, como a definição de indicadores comportamentais de cuidado que permitem a análise de vários contextos de vida, incluindo algumas realidades hodiernas preocupantes que podem desencadear processos de desumanização difíceis de retroceder.

O livro que por ora entregamos cumpre seu papel de reunir um conjunto de reflexões que insiste na construção de uma cultura do cuidado, de uma inter-relação que nos faz todos dependentes de todos, e de que o cuidado é o fio condutor que nos une. E, que de fato, somos homens e mulheres de cuidado e capazes de cuidar.

O cuidado, portanto, implica um modo de ser e de agir que requer abertura, comunhão, responsabilidade, empenho, comprometimento e entrega. Ou seja, a adoção de um novo paradigma que favorece o senso de responsabilidade e de cidadania na construção de uma vida digna nos âmbitos público e privado, e que resulte na humanização do ser e das intuições que os acolhe.